美国学生写作技能训练

曾多闻 著

写作教育，

远比我们所以为的更重要！

中国青年出版社
CHINA YOUTH PRESS
中青文传媒

图书在版编目（CIP）数据

美国学生写作技能训练 / 曾多闻著.
—北京：中国青年出版社，2019. 7
ISBN 978-7-5153-5597-9
Ⅰ. ①美… Ⅱ. ①曾… Ⅲ. ①英语—写作—美国 Ⅳ. ①H315
中国版本图书馆CIP数据核字（2019）第086038号

美国学生写作技能训练

作　　者：曾多闻
责任编辑：肖妩嫔
文字编辑：张祎琳　朱　佳
美术编辑：靳　然
出　　版：中国青年出版社
发　　行：北京中青文文化传媒有限公司
电　　话：010-65511270/65516873
公司网址：www.cyb.com.cn
购书网址：zqwts.tmall.com　www.diyijie.com
印　　刷：三河市文通印刷包装有限公司
版　　次：2019年7月第1版
印　　次：2019年7月第1次印刷
开　　本：787 × 1092　1/16
字　　数：90千字
印　　张：14.5
京权图字：01-2018-8312
书　　号：ISBN 978-7-5153-5597-9
定　　价：39.90元

目录
CONTENTS

序 一
这本书把我们抓到了巨人肩膀上

许雅宁
美国哥伦比亚大学教育研究所兼任助理教授

当我收到为多闻写序的邀请时是有点错愕的，旅居美国多年，我不认识多闻，也不认识邀稿的宇宙文化社社长冯季眉，但当我打开多闻的文稿时，更错愕了——她怎么把我想要写的题目写出来了呢？

我长年推动阅读教育，但写作教育是我心里的另一块大石。

回想起我在学校的写作经验，小时候的我算是作文还不错的孩子，但是每次作文课时，就是摇着枯笔把八股文写得活泼一点罢了，总觉得灵魂空洞，就是交差了事；放眼全班同学，倒下的倒下，睡觉的睡觉，唉声叹气的唉声叹气，大家都在等下课。作文课常用的滥句“全班振笔疾书，下笔有如神助，顿时只听见一片沙沙的写作声”，真的让我高度怀疑，是不是我和我的同学们资质特别鲁钝？

到了美国教书，才知道作文课是可以让学生和老师满心期待，过程结果都可以是收获满满的。

问题出在写作教学。

我在纽约多年的中小学英文教学经验及在哥伦比亚大学的教学及研究，就是阅读跟写作。如果说美国的阅读教育让我感动，那么美国的写作教育就更让我对于亚洲写作教育有着深沉的感慨。如同阅读教育，美国写作教育集语言学、心理学、认知学、儿童发展学等之大成，在教学上勇于反思，在学术上认真钻研，在实务上大胆尝试，既挑战既有的成规体制，在分享推广上更是不遗余力。经过了数十年无数的尝试、调整，到现在开枝散叶，硕果累累，这些都让我欣羡也震撼不已。我在纽约教过所谓最精英的学校，也在犯罪率最高的地区教过濒临关校的学校，然而，不管是怎么样的学校，美国学校语言教育的精神及做法都相差不远。

为了把这篇序写好，我和多闻约了个时间视讯，希望能更了解多闻写这本书的过程。我在美东，她在美西，聊起才晓得她是我的学妹。多闻自谦自己不是学者，也不是研究写作教育出身，她用记者的角度切入，刻画出美国写作改革这项巨大工程的过程。其实，很敏锐正确地抓到所有的重点，包括写作孤独漫长的本质，写作教与学的困难，阅读与写作间的紧密关系，写作贯穿学科的原则，美国对所有学科老师的写作教学的训练及要求，写作师资培训的方法及挑战，及美国草根力量的成就，等等。我看得出她为这本书投入的心力十分惊人，不但花了很多时间搜集资料，到处走访美国写作教育各方大师，更难的是要把这么多的信息整理汇集成一本深入浅出，又具专业性、大家又看得懂的书，这真是要花很多心血才能做到的。这本书不但把我们一次抓到巨人的肩膀上，也隐隐约约为我们勾勒出未来的方向和愿景。

我特别想要提的是，多闻在书中仔细介绍了美国如何由下往上地撼动了教育界来改革写作教育。

要批评任何一个教育制度是很容易的事。以写作教育而言，如果写作教育不能点燃孩子心中写作的火花，过程枯燥，结果也让人失望，这是谁的错？是学生吗？还是老师？还是政策制定者的错？孩子跟着大人走，显然不能承担这个罪名；我曾做过基层教师，我了解，教师如果没有受过有效的训练，当然没有办法提升教学质量，所以，把问题扔给教师是不公平的。那么，把所有的错都推给政府呢？政策制定单位体系庞大，执行改革旷日费时，我也不愿意怪罪有心无力的上位者。

谁都无法负责，孩子怎么办？难道要遥遥无期等下去？

我不悲观，与其找代罪羔羊，还不如从上到下，一起做起，大家一起进步。写作教育与阅读教育，都需要大家一起努力，不管是居上位者，还是记者、学者，基层老师、家长，大家要一起了解教育，建立共识，才能百花齐放，帮助社会进步，帮助我们的孩子。

这，也是我多年的心愿。

想写关于写作教育的书已经很久了，多闻和我以文会友，我想，为她写序可能是老天给我的一个信号。我也希望多闻的这本书能抛砖引玉，让大家重视写作，带动写作教学的革命。

2018. 6. 16写于美国纽约

序　二
我关心读写教育，因为我关心孩子的未来

曾多闻

去年二月，我飞赴加州伯克利，为本书进行采访。隔天，我在洛杉矶下榻的饭店里，突感腹中翻腾，奔进洗手间，弯身吐得一塌糊涂。我向先生抱怨：“我一定是太累了，不然就是水土不服，再不然就是今天的早餐有问题。”

回到圣地亚哥家中，我继续时不时地呕吐，但因为忙于采访、写稿，没有太在意。直到有一天，呕吐频繁的程度让我不得不把计算机抱进厕所，用吐的空当写稿，才猛然惊觉不对劲，进医院检查发现竟已怀胎十二周，而且宝宝的预产期竟和本书

的截稿日同一天!

如此巧合，从那天起，我便戏称这本书是宝宝的“双胞胎”。可惜我腹中的人类宝宝并不让他的双胞胎书宝宝好过，整整九个月的孕期，我持续害喜，甚至一度因呕吐过度而脱水，躺进医院打点滴。加上有胎盘低位的问题，医师命令我卧床安胎，更禁止我搭机旅行，因此后续的采访都改用电话进行。这让我颇感挫折——我是一个比较老派的记者，总觉得要当面见到受访者，才好掌握对方的态度与响应。

另一方面，因为这个人类宝宝的降临，让我在写作本书时，多了一个身份，也多了一个角度——我不再只是一个文教记者或热心教育人士，更是一个关心孩子未来的家长。在写作的过程中，我不停地问自己：PIRLS对我的孩子有什么意义？共同核心标准对我的孩子有什么影响？十八年后，我的孩子上大学那一天，我希望他的读写能力到达什么样的程度？当今的美国教育能帮他达到那个程度吗？

最重要的是，我想利用写这本书的机会，思考身为一个家长，我可以如何把我的孩子培养成一个犀利的读者和流利的作者，以及我可以如何支持学校读写教育。为了用本书来回答这些问题，我回溯美国近半世纪读写教育改革的历程，整理出我认为有参考价值的部分。一边写稿一边安胎的那几个月，我常常一边打字，一边低头对渐渐隆起的肚子说："所以呢？你觉得怎么样？"

九个月实在太短了，既不够我做好准备迎接人类宝宝，也不够我把这本书宝宝修到尽善尽美。就如本书第一章所写：成为一个优秀的写作者，是一个漫长而且没有终点的旅程。就这一点来说，世界上全部的书，恐怕都有许多未臻完美之处。尽管如此，我仍然衷心希望，我的这本书宝宝，可以对教育界起到参考价值。

2018. 5. 2写于美国圣地亚哥

序　三

别再用旧思维看待读写教育

冯季眉

宇宙文化社社长

2016年，我为当时办的杂志《青春共和国》策划了 一个探讨“读写教育”的专题，隔海向旅居美国的自由记者曾多闻邀稿，请她采访报道美国读写教育发展情况，并介绍“美国国家写作计划”的运作及其对美国中小学写作教育的影响，为读者提供不同的教育思维与视野。

中小学的读写教育，向来是我所熟悉与关心的。在国语日报担任总编辑和社长时期，发起并推动读报教育及师资培力（以报纸为教材进行阅读教育），以及对小学生的写作投稿情况定期进行年度调查并提出观察报告，此外也参与举办“好书大家读”少年儿童读物评选等等，都是与读写有关的教育工程，且无不是以五年、十年、二十年的时间长期持续投入。自报社提前退休后，从事出版工作，少儿议题与读写教育仍是我关怀的重点。虽然目前国家以及公众对于阅读和写作教育逐渐开始重视起来，但在应试教育的大环境下，每个学生能够真正得到的读写教育训练却少之又少。这令我对读写教育在体制内持续严重边缘化，感到焦虑不安。因而试图探讨这个主题，盼以他山之石，促使教育界正视读写教育的困境与改革之必要。

我和多闻其实没见过面，但是早已在其他媒体读过她撰写的教育相关报道，很欣赏她对议题的掌握以及简洁有力的文笔。首次邀稿，多闻便爽快地答应了，并且很快就为杂志写来切中核心又有故事的稿件，将“读写教育他山之石”这个教育专题处理得相当具有可读性。我从中读到许多值得进一步挖掘与探讨的线索，心想，以她的专业，必能将这个题目从各个面向钻研探究、写得深入核心。因而，又进一步向多闻邀约书稿，请她以“美国中小学读写教育的改革经验与做法”为主轴，进行更深度、更广泛的采访，辅以相关资料，发展成书，介绍美国这一波读写教育改革浪潮是如何发生，教育当局、学校、教师遭遇的挑战与因应策略为何，以及发生在中小学教育现场的真实故事。虽说是从探讨“读写教育”出发，其实更多焦点是放在“写作教育”，毕竟，阅读教育早已获得更多关注，而写作教育，不但是国际间的教育新课题，也是当代家长、教师普遍的难题。我相信，所有与孩子教育有关的人，包括家长、老师、校长、教育政策制定者，迟早会警觉，光提倡阅读是不够的，长期被忽略的写作教育，也必须急起直追。

除了阅读的R（Reading），我们确实还需要找回在体制内长期被忽略的另一个R（wRiting）——写作。可惜目前学校教育并没有具体、明确地响应这样的教育课题与需求。教育界强调素养导向、跨领域及主题式学习，但基于“减法精神”，阅读与写作，未纳入正式课程，也无具体规范应实施时数，继续“外挂”于语文领域。对教育现场略有了解的人都知道，没有课程就没有评量，无须评量就不受重视。然而，读写教育，真的这么无关紧要吗？倘若阅读与写作，在体制教育内的位阶是可有可无、弹性实施，年轻世代真能拥有这两项重要的能力吗？我由衷希望通过出版此书，借鉴国外的经验与做法，能够或多或少唤起各界对读写教育的重视与反思。

年初，多闻如期寄来完稿，我一面处理手边其他书稿，一面利用空当慢慢阅读这本令我相当期待的新书。由于有些地方需要交换意见，与多闻电邮往返，这才得知，多闻是怀着宝宝，辛苦地进行这本书的采访写作。我想，必定是这份对教育的深深关怀与使命感，给她勇往直前的能量，完成了这一趟探讨美国读写教育之旅。

这是一趟有意义、有价值的旅程，带领我们和教育学者、教师、家长，看到值得参考的教育研究实证，看到不分城乡的学校都愿意为学生提供高质量写作教学的动人教育风景，看到美国教师与学生接受写作教学改革后的进步与改变，当然，也隐约看到可以取法的方向。

写作，确实不应只是语文教师的事。在语文领域谈写作，这样的思维已经落伍。因为学生在学校里学写作，不是只学习写美文、论文，还要学习写未来能够应用于生活、应用于职场的各种文体，如日志、企划、书信、简报、文案……学生需要的是跨领域的写作力。跨领域的写作练习、跨学科的写作教学，已经在美国中小学的教室里进行，能不能成为我们中小学课堂里的风景？在下一个十年里，有可能发生吗？我没有答案，但是我由衷希望这本书能提早让这个期待成真。

前　言

二十一世纪，需要怎样的读写教育

身为一个在美国工作并主跑文教新闻的记者，我不只一次惊叹美国教育对读写力的重视。去年，我的孩子进入小学就读，我第一次从一个家长的角度，看到读写教育如何被纳入正式学前课程、读写力的培养如何在学前就开始扎根，这种感受更为深刻强烈。

美国教育重视读写，是有其历史背景的。早在1874年，哈佛大学有鉴于大学生写作力低落，举行入学写作考试，发现过半新生的写作程度不如预期，从此规定大一新生必修写作课，其他大学也纷纷跟进。自此，美国大学新生必修写作课，就成为不变的要求，也是美国高等教育少数百年来不曾变动的规则。一百五十年来，美国教育界进行读写教育的方法、提升教师素质的策略，虽然经历了多次重大变革，但是重视读写教育的大原则始终如一。

2011年，美国在五年一度的“国际阅读素养调查”（Progress in International Reading Literacy Study，PIRLS）排名全球第五，阅读动机排名第四，成绩傲人。2016年实施的PIRLS，阅读动机没有列入排名，改为阅读兴趣调查，美国整体排名大幅退步七名，但对阅读有兴趣的比例仍高达百分之六十。

美国国家教育统计中心专家佩吉·卡尔（Peggy Carr）接受《美国新闻及世界报道》采访指出，美国整体排名退步，主要是英语并非其母语的外籍学生，五年间大幅增加所致，他对美国学生“对阅读有高度兴趣”表示乐观。

虽然学生现在普遍对阅读很有兴趣，但是美国在读写教育方面，其实曾有很长一段时间，停留在“教学生认字”，而非着力于层次较高的阅读与写作。曾任美国国家英文成就研究中心（National Research Center on English Language Achievement，CELA）主任的作家及学者阿瑟·艾伯比

（Arthur Applebee）指出，综观整个19世纪，美国中小学的写作教学，都只着重教学生写字，很少顾及其他，甚至拖到中高年级才进行写作教学。艾伯比在其论文《写作教育的另类选择》（暂译，*Alternative Models of Writing Development*）中指出，上述情形是因为，当时教育界普遍认为，写作力的发展必须在阅读力之后。

美国的读写教育，是如何从“教学生认字”的层次，提升至让学生对读写有强烈动机及兴趣的层次呢？这是本书想要探讨的，也是写这本书最初的动机。

在哈佛大学首次举行入学写作考试后一世纪，美国《新闻周刊》杂志于1975年刊出轰动一时的社论文章《为何强尼不会写作》[①]，直指美国写作教育面临严重危机，批评公立学校不重视读写的“基本训练”。这不是类似话题第一次引发热议，但是这一波风潮，确实促使教育界及政治界认真检讨语文教育的重要性，重新定位中小学生写作教育的标准，整个大环境因

① 美林·希尔兹（M. Sheils）：*Why Johnny Can't Write*，暂译《为何强尼不会写作》，《新闻周刊》1975年12月8日，第58—63页。

此有所改变。

这一波风潮，开启了课后读写课程的风气，同时催生了设在加州大学伯克利分校的一个非营利组织“美国国家写作计划”（National Writing Project，NWP），其任务是协助全国的公立学校，都能让学生获得专业、高质量的写作教育，而且除了基本的阅读训练，更要持续加强学生的写作能力。

在这一波倡导加强读写教育的过程中，许多教师都有同样的疑问：为什么写作这么难学、这么难教？

加州大学洛杉矶分校教授麦克·罗斯（Mike Rose）提出，这是因为人们不认为学习写作有什么重要。罗斯教授曾在《生活在边界上》[1]一书中写道：**“进入大学校园的年轻人，大多可以写一段新闻摘要，或是写一篇对某部电影的感想，但是他们写不出真正有思想的东西，这是很大的问题。有思想的写作，应该要提出自己的观点，或是采用别人的观点，加上自己独特的见解。研究写作教育危机的学者，对于学生缺乏这种能力深感忧心。”**

① 麦克·罗斯：*Lives on the Boundary*，暂译《生活在边界上》，纽约：企鹅出版社2005年版。

但罗斯也提出对美国读写教育乐观的一面：**“要知道很重要的一点，传统上，写作能力是只有精英阶级的人，例如牧师、学者、贵族等才有可能具备的。我们是历史上第一个将写作力普及到各个阶级的世代。”**

20世纪以来，写作教育虽然普及了，但是文学写作的标准却降低了，对于良好写作的要求也降低了，写作力在求职谋生上的实用性也不如从前受重视。相较于一百年前，21世纪初期的美国学校教育，更注重科学、技术、工程、数学等理工课程。于是，又有学者对此大呼遗憾，指出在全球化、多元化的社会，不论是学术界还是职场，不论是从全球或是在地观点看，写作都是通往成功的途径。好在，比起上世纪90年代，现今美国教育界，对于如何进行成功的写作教学，已有更深入的认识、更成熟的经验。成功的教学策略与模式，已陆续建立起来，教师只要有心，很容易取得资源，带进课堂使用。所以，时至今日，美国各级学校视提升学生写作力为一种挑战，而非危机处理。

在写作本书的过程中，我阅读了大量文献，并采访美国国家写作计划的专家与参与计划的师生，试图全盘了解当前美国写作教育现况，希望通过介绍实际的课堂写作教学案例，以及成功的教师与学生故事，以他山之石，提供教育界及所有关心教育的人士参考，并一起思考学校语文教育所面临的挑战有哪些，又该如何提升各年级学生的阅读力与写作力。

本书的重点有三：

一、说明读与写之间的关联，并阐明读写活动的复杂性。阅读是一种学习的方式，写作是一种与人沟通及表达自我的手段，对每一个领域的学生来说都很重要。

二、检视当前美国读写教育的潮流，有哪些相关研究、有哪些好的教学法、有哪些读写教育议题值得国人注意。例如读写在早期教育中应该扮演的角色，教室中如何培养在现实生活中也实用的阅读力与写作力，如何合理地评量学生的读写力，以及如何进行跨科际的读写教学。

三、举出实用的解决方案以及模型，供学校教师、教育当局以及任何有志写作教育的人士在制订教学方案、执行教学计划时参考。

我通过采访相关学者专家，来勾勒出美国这一波“找回失落的R：wRiting”的教育改革，如何在校园中提升学生写作力与推广写作课程，遇到的挑战以及对应的做法有哪些。透过美国的案例研究，说明美国各级教师如何在不同背景的课堂以及学校里推广写作教育，并用写作教育来丰富学生的学习经验。也想尝试透过美国经验，解答以下几个问题：

- **读写为什么重要？**
- **历年研究对于读写教育有何重要发现？**
- **美国国家写作计划一再强调的“写作过程”**（writing process）**究竟是指什么？**
- **一堂成功的阅读课或写作课，具备哪些条件？**
- **读写如何帮助进行批判性思考？**
- **如何进行跨科际的读写训练？**
- **什么样的专业训练，能帮助教师成功进行读写教学？**
- **全校性的读写教育计划，应该是什么样子？**
- **如何合理地评鉴学生的读写能力？**

过去四十年来，美国教育界曾出现许多具说服力的研究，对阅读、写作教学产生影响力，让好的写作教育，从学术论文的纸上论述，转化进入真实世界的课堂，真正改变了美国学校教育实施写作教学的方式，并就早期阅读与写作教育的关联性，提出许多重要见解。又因为移民人口增加，美国的课堂环境日益多元化，近年来也出现很多研究，探讨在社会及文化因素下可以如何支持学校的读写教育，本书将多方引用这些研究。另外，也将大量引用与教师、校长、督学的访谈，这些教育工作者站在教育第一线，访视过美国各地的教育现场，有丰富的经验可以分享。

在写作本书时，美国国家写作计划（NWP）是我最重要的咨询对象。国家写作计划是美国改善学校写作教育与学习质量最重要的一个组织，迄今已有四十三年历史。1974年夏天，25名热心教师在加州大学伯克利分校成立了这个计划，目前已经发展到在全美有185个卫星站，遍布全美五十州、华盛顿特区、波多黎各、美属维京群岛。自国家写作计划成立以来，全美有超过两百万名来自城市、乡镇甚至偏乡地区的教师参与该计划。美国国家写作计划采取“教师训练教师”的同侪支持方式，每年全美有十万名教师参加全国写作计划的教师训练课程，完成训练的教师或教学成效卓著者，可成为教师领袖（Teacher-Leader），训练其他教师。2015年，全美有三千名教师取得教师领袖资格。自同年起，这些教师领袖共培训了八万名教师。从幼儿园到十二年级，美国国家写作计划是目前美国唯一致力于促进读写教育的全国性机构。

自成立以来，美国国家写作计划就致力于与各级学校建立合作关系。通过与学校合作，各种教学法的效果，以及什么样的教学法会对学生的学习产生什么样的影响，都得到彻底检视。因此，美国国家写作计划能够充分掌握当今写作教育的潮流及教师面临的议题，并据此确认了一些成功的教学策略，研发设计了很多创新的教学法，对学生的学习产生影响，且在推动跨科际写作教学方面发挥了重要功能。

现在，愈来愈多的教育工作者体认到读写对学术成就的重要，但这并不代表美国的读写教育已臻完善。读写教学涉及的范围之广，仍然是学校在进行教育改革时的一大挑战。其中一个矛盾就是，虽然写作的重要性已被公认，但是作文课在公立中小学却没有得到相对的重视。在美国多数州，写作仍然没有被列入教师评鉴项目。很多时候，教育界把阅读教育与写作教育合并在一起谈论，而阅读教育被谈得更多，以至于写作教育被忽略了。

针对这一点，美国国家教学中心一再强调，“写得好”一定要读得好，但“读得好”却不代表会写得好，这也是本书想要强调的重点之一。

在写这本书的过程中，我做了很多研究，有一个深刻的感想，那就是学生需要更多写作练习，尤其是需要更多跨科际的写作练习。美国国家教育进步评估局（National Assessment of Educational Progress，NAEP）[1]、全国英语教师委员会（National Council of Teachers of English，NCTE）、美国学校行政人员协会（American Association of School Administrations，AASA）以及国家教育学院（National

① 美国国家教育进步评估局（NAEP）是美国政府机构，隶属于美国教育部，专责评量从幼儿园至十二年级学生的学习成果。

Academy of Education）委员会[①]，都曾提出同样的呼吁。美国国家教育学院的阅读委员会报告指出：**“近来所有关于美国学校写作教育的分析，都有相同的结论：孩子们没有得到足够多的机会从事写作。针对一年级、三年级、五年级生的研究发现，在校的时间只有百分之十五用于写作练习；就算是高中，学生练习写长篇文章的机会也不够多。”**

四十年来，美国教育界采取了许多对策来面对以上挑战，有些政策成功，有些政策失败。综观这个过程，我认为至少有六件事，可以供教育界借鉴。利用写这本书的机会，我把这六点梳理出来，一方面探讨哪些有研究根据的教学法，可以提升写作教育的成果；另一方面以案例研究来说明，学校可以如何设计有效的、全校性的、读写并重的教学计划。

第一，我们常说“学无止境”，其实“教学”更无止境。为什么读写教育是如此复杂？学校在迈向教好读写这个目标的

① 国家教育学院为非政府研究机构，1965年由美国时任卡内基集团总裁的企业家约翰·加德纳（John Gardner）及时任哈佛大学校长的教育家詹姆斯·柯南特（James Conant）共同创办，专事提升教育质量的相关研究。自创办以来，国家教育学院各委员会所做的报告，都获得美国教育界高度重视。

过程中，必定会遇上什么样的挑战？这些，我们都可以从美国经验中得到启示。

第二，过去我们总以为应该先学读、再学写，而且作文的第一课就是“起承转合”——至少在我的学生时代一直是如此。但总结过去四十年来，美国关于“读写力是如何培养与成长”的相关研究，我们发现作文的第一课不应该是起承转合，而应该是“认识读者”。而且，写作教育应该跟阅读教育同步，尽早开始。

第三，我们都以为作文是一个独立的科目，但事实上，作文应该是一种学习的工具。美国经验告诉我们，读写教育可以激发学生批判思考以及解决问题的能力，更可以提升学生的数学与科学程度。那么，要怎么在教室中实践好的读写教学策略，用作文来帮助高水平的学习？本书第三章有详述。

第四，正因为读写是学习的工具，所以阅读与写作不仅是语文跟英文老师的责任，数理老师也应该熟悉教读教育。但接受传统师资训练的数理教师多半不会教读写，怎么办？本书第四章会针对教师培力做探讨，讨论美国“读写教育”这项专业的发展，也介绍美国国家写作计划的“教师训练教师”模式如何提升数理老师的读写力。

第五，考试不是万能，但没有考试万万不能。读写教育的最终目的不是为了应付考试，但好的评量制度对读写教育仍然很重要：好的作文题目，可以帮助学生读写力进步；好的评量制度，可以提升读写教育水平。第五章会提出一些出作文题目的基本原则，介绍一些评量写作力的模式，并讨论美国共同核心教学标准（Common Core Standards）实施后读写教育的变化。

第六，过去的教育改革，多半聚焦在制度面的改革。但美国经验告诉我们，由下而上的自主教育改革，比由上而下的教育政令倡导更有效。教育改革，需要从基层教师开始，并由学校行政阶层及学区家长共同支持，才能成功。

这长达四十年的读写教育改革，不仅带动美国各级学校加强读写教育，也进一步向上影响大学评鉴制度，连美国大学取才最重要的考试——SAT，也不得不跟着进行重要的变革。美国每年有两百五十万高中生参加SAT（Scholastic Assessment

Test，学术水平测验考试)，这是美国各大学申请入学最重要的参考条件之一。自2016年起，SAT写作测验有重大变革，将写作独立于各科目之外，独立测验。

SAT于2005年起，首度纳入写作测验，这个决定在当时得到美国各大专院校普遍支持。时任哈佛大学招生主任的威廉·菲茨西蒙斯（William Fitzsimmons）接受《纽约时报》采访时说："我认为SAT此举将带来真正的改革，尤其过去高中教育在写作方面做得并不好。"

但是，之后十年，SAT写作测验却遭教育界批评，认为评分过度注重考生的用字及文章长度，而不管考生的主张是否有所依据、论述是否合理。麻省理工学院写作中心主任莱斯·佩尔雷曼（Les Perelman）长期研究SAT写作测验对高中写作教学的影响，曾提出SAT写作测验中一个极不合理的现象：作文长度对分数影响很大，但其论述是否精准却被忽视。佩尔雷曼说："你可以写说美国第二次独立战争爆发于1945年（事实上是1812年)，然后堆砌一些华丽的辞藻，再引用一些名言。就算那些辞藻很空洞，名言与作文主题没有直接关系，也无所谓，这样便可拿到高分。”佩尔雷曼说，他让十六个在SAT写作测验中拿到低分的学生用这一招，再去应试一次，结果每个人在写作项目中都得到高分。

2012年，美国共同核心标准推手大卫·柯尔曼（David Coleman）出任 SAT主办单位、大学董事会董事长暨首席执行长。他很重视来自教育界的意见，在记者会上称：“各界意见指出，在SAT写作测验中得到高分的考生，在大学里的写作表现却不一定好。这是SAT写作测验的失败。”他直指SAT写作测验并未达到预期成果，并表示他本人及SAT大学董事会将为各界批评负起责任。

柯尔曼旋即推动改革，于是，自2016年起，SAT写作测验被分开评分。新的考试内容将是让学生读一段短文，然后写一篇文章，来分析作者的意图，并且要举出严谨的证据来证明自己的观点。

这是SAT测验自2005年以来最大的变革，两次变革都是针对读写测验。跟2005 年时一样，这次SAT改革也引发广泛讨论，包括出题是否具有代表性、评分是否足够公正，再度受到教育界挑战。但是，这次改革也说明，美国教育界认为，写作能力是帮助大学生在校园及社会上取得成功的重要工具；写作测验有效与否，非常重要，不能形式上草率为之。

让学校与教师指导学生熟悉“阅读”“写作”这两样工具，使之成为帮助学生达成学业与事业目标的利器，是教育的愿景。就这个愿景，提供美国经验的他山之石，包括指标性的教育研究、推动机制、师资培力、城乡教学策略、学生的学习成就，等等，为读者打开一扇窗，看到读写教育的不同视野，这就是本书的目标。

第 1 章

学无止境是真的，教无止境也是真的

开始着手写这本书的某一天，我开车回家的路上，美国国家广播电台（National Public Radio）正播出畅销作家史蒂芬·金（Stephen King）的专访。我听到他对主持人说："写作是一个漫长而孤独的旅程，我很庆幸在这个旅程中有人相伴。"

他的儿子欧文·金（Owen King）也是一位作家，他谈到父子俩合作写书的点点滴滴。听着专访，我想起美国国家写作计划全国课程主任塔妮亚·贝克（Tanya Baker）。在一次访谈中，贝克也曾对我说："成为一个优秀的写作者，是一个漫长而且没有终点的旅程。"

年近半百的贝克，脸颊红润，风度活泼，

看起来很年轻。但一开口，用字古典优雅，又变回将届知命之年的资深教师。在加入美国国家写作计划以前，她是一位高中英语教师。在国家写作计划位于加州大学伯克利分校校园的办公室里，她娓娓道来在她的教学生涯中、在写作教学上遇到的那些挑战，以及国家写作计划的教师培力如何改变她的教学经验：

“语文教师应该同时是教师，又是作家。但是，教学是孤单的工作，而写作是寂寞的旅程。教学是非常孤单的。即使你身边总是围绕着孩子，但孩子不是能与你并肩作战的伙伴。你不能在孩子或家长面前流露出一点点你对工作的怀疑与不自信，那会吓坏他们的。然而，教师也需要有切磋琢磨的对象，需要有机会向站在同一立场的对象展示你的工作成果，讨论你的疑虑，并得到回馈。国家写作计划提供这个平台，让我在教学的路上不再孤单。”

改变人生的教师营

十五年前，贝克第一次参加由国家写作计划举办的语文教师训练营，觉得大有收获："美国人动不动就喜欢说：'啊！这改变了我一生！'我不喜欢这种说法，我觉得很浮夸。但那个训练营，真的改变了我一生。"

通过国家写作计划，贝克与其他教师组织了一个写作俱乐部："我们用心读彼此的作品，给予真诚的回馈。我觉得这个俱乐部对我很有帮助。我觉得我在这个俱乐部里，对其他人也很有帮助。这大大提升了我对教学工作的信心，更能够去帮助学生提升他们的写作力。"

后来，贝克开始在教学之余，志愿支持国家写作计划的行政工作。十年前，她离开原本服务的高中，全职投入国家写作计划，继续为提升美国中小学读写教育质量而努力。

贝克那句"成为一个优秀的写作者，是一个漫长而没有终点的旅程"，无疑会得到许多写作者的共鸣。

是的，写作是一门复杂的技术。即使是最优秀的作家，也同意写作是充满挑战的。因为，写作的过程中掺杂了许多难以控制的因素。作者（包括我自己）下笔时，往往不知如何开始；下笔后，往往不知如何继续，如何建构每一个句子、如何组成每一个段落……写作的过程就好像一个充满惊喜的旅程，没有规矩可循。作文的题目愈是博大，作者想表达的意思愈是复杂，这个“旅程”就愈变幻莫测。即使是最有经验的作家，也很难一步到位，不拟草稿、不经修改，就写出令自己完全满意的文章。儿童文学经典名著《夏绿蒂的网》的作者，知名儿童文学作家埃尔文·布鲁克斯·怀特（E. B. White）有句名言：“最好的写作是重写。”这句话是作家们都同意的。写作很难，无论思想、情感、想象力，均须多方面的探索，寻求最适切的表达方式。

写作的时候，自己同时是作者和读者。身为作者，必须反复琢磨，推敲着找出最能适切表意的文字。作为“自己的”读者，以编辑的眼光审视自己的作品，确定自己已经找到了正确的文字，能准确地表达自己的意见。知名文学评论家雅克·巴尔赞（Jacques Barzun）曾形容写作的过程就是“阅读与修改”：“重复阅读、修改，直到你的文字能够充分表达你的想法。”这个意思就是，一开始不妨允许自己写得很差，但敦促自己通过一次又一次的修改来改善作品。

知名剧作家拉利·吉尔伯特（Larry Gelbart）也说过：“总要先写完，然后再来修改。你得先写一点儿不那么伟大的东西，不然你什么都写不出来。你也可以先写好结论或结局，这让你有个方向来完成作品。”

怀特、巴尔赞、吉尔伯特谈的其实是同一件事，也就是许多写作教育研究者提出的写作的“反刍性”。研究指出，写作包含计划、检讨、起草、修改等几个阶段，这几个阶段会一直重复，而且不一定按照顺序。在每个阶段，作者都必须进行批判思考，并设法解决问题。最基本的要求是以文字充分表达作者的思想。成功的作者能够掌握文章的主旨、写作的目的、读者的兴趣，也能掌握不同的文体，例如写一封信、写一篇论文、写一篇抒情文，是完全不一样的。

先让学生愿意写作

写作是一门复杂的技术，写作教育也是一门复杂的技术。成为优秀的写作者，是一个漫长而且没有终点的旅程。写作教育的提升，也是一个漫长而且没有终点的旅程。

要以高标准来要求学生的写作力，必须先以高标准来要求提供写作教育的教师的教学力。写作很具挑战性，而写作教学更具挑战性。教师要怎么创造一个教室环境，甚至一个校园环境，让所有学生都能学得复杂的写作技巧？语言教育学家詹姆士·摩菲特（James Moffett）描述有效的写作教育，认为："学生应该在学校里学习写作，并在课后持续练习写作。我们要给学生一个愿意写作的原因，一群充满善意的读者。这也就是说，我们应该创造一个平台，让学生可以在其中思考、查找，与其他人讨论、起草、得到回馈、修改，让文章更完美。"

这是一个很好的蓝图，但又给教育者带来新的挑战：如何在课堂上教导学生，然后让他们在课后继续练习写作？

回想自己学生时代的作文课，很多人一定还记得，发回来的作文上面有老师用红笔写的"这部分需要更清楚的解释""开头太弱""本段落用意不明"之类的简短评语。这些评语通常没有什么帮助，因为没有清晰具体地指导学生下一步应该怎么做，仿佛是在告诉学生，自己想办法解决这些问题，下次写出更好的作文。问题是，改善写作所需要的知识，不是订正一个错字或改正一个语法那么简单。教师要怎么提出更清楚的指引？一个强而有力的开头应该是什么样子？如何使每一个段落中的每一个句子都与上下句紧密连接，逻辑清楚？如果这些知识都能有简单的方法传授给学生，那教作文也就变得简单了。

所以，长期从事与写作教学相关研究的美国国家写作计划，一方面探讨写作教育面临的种种困难，一方面也研究怎样的教学法最能提升写作力。

好消息是，尽管写作教育充满挑战性，但几乎所有专家都同意：学习写作，是培养中小学生自我表达能力最好的方式，而且所有的学生都能经由学习来提升写作力。美国国家写作计划广纳从小学到大学各年级教师、教材编者、校长、督学、语言学家等专家的意见，得出结论：写作在学习中扮演重要角色，写作力对不同科目的学习都有帮助。

到底为什么，不论是对教师还是对学生而言，写作教育会这么困难？经过多年研究，美国国家写作计划的专家，整理出学校和教师在实务教学上面临的困难，以及在制订写作教学计划或教育政策时应该了解的现象；也从教学与学习两方面来讨论写作教育的迷思，并就如何教学、如何评量提出建议。以下就来介绍这些成果。

首先，关于教写作及学写作的挑战，学校和教师怎么看？学校应该提供什么样的资源，才能让学生学会一系列关于写作的知识，并精通写作这一门复杂的技术？

美国国家写作计划指出，学校提升学生写作力，经常面临两大挑战。第一是学生到底需要什么，才能发展并精进写作力？第二是校方乃至教育当局要如何支持教师，以维持一个能够永续发展的写作教育计划？

写作练习普遍不足

专家认为，学生应该在教师指导下、在充分资源支持下，进行更多跨科际的写作练习。

有充分的研究证据显示，学生经常进行写作练习，尤其是跨科际的写作练习，其写作力必然会提升。写作力与阅读力是一体的两面。美国国家教育进步评估（National Assessment of Educational Progress，NAEP）2015年阅读报告[1]指出，四年级、八年级、十二年级学生当中，那些每周固定交申论题作业的学生，比起很少或从来没有写申论题作业的学生，阅读和写作能力都较强。而且上述申论作业不限于语文相关科目，数学、科学方面的申论练习，也有助提升学生的阅读力与写作力。

但是，直到近十年，美国很多中小学都没有给学生足够的机会练习写作。国家教育进步评估2002年写作报告[2]统计，百分之六十九的四年级教师，每周只让学生进行不到九十分钟的写作活动。而且，很多教师只是出题让学生写一小段申论式的答案，而没有让学生练习写较长的文章。而国家教育进步评估报告指出，练习写较长的文章，才是提升写作力最有效的方式。近年来，美国很多全国性的写作教学研究，一再指出同样的问题：学生在校练习写作的时间太少，出了校门以后根本不会练习。如果学校想要提升学生写作力，应该先检讨校方对学生写作课程的实际要求。

① 美国国家教育进步评估（National Assessment of Educational Progress，NAEP）2015年阅读报告，https://nces.ed.gov/nationsreportcard/reading/。

② 国家教育进步评估2002年写作报告，https://files.eric.ed.gov/fulltext/ED476189.pdf。

需要注意的是，依学生的能力不同，对写作教学的需求也不同。

写作是一件很个人的事，而学生成长为写作好手的过程也各有不同。不论年纪，学生各有不同的专长、不同的喜好，在写作方面也是一样，有人喜欢叙事，有人擅长议论，也有人专长说明。当一个学生想要学好写作，他通常会先经历一段“退步期”。普利策奖得主、曾在新罕布什尔州立大学教写作的唐纳德·莫瑞（Donald Murray）曾指出：“大部分的作家都有自己的专长与弱点，学生也是。如果你教写作，就会发现学生当中有人字汇丰富，文法观念正确，但是写不出什么东西来。也有人写得多，但是写得不怎么好。有些人写的东西完全乱七八糟。有些人写的文章很工整。我教过小学一年级的学生，也教过研究生。不论在哪个年级，学生之间的程度都有很大差异。”教师的挑战，就是判断出每个学生的程度，判断出他们需要什么样的教学与支持。

多练习写各种文体

学校不但要让学生写得更多，而且要给他们一个丰富而多元的写作经验。学生们要熟悉各种文体，才能在写作上游刃有余。

美国国家写作研究中心（National Center for the Study of Writing）出版的《十年研究：国家写作与文学研究中心的成就》[①]一书，指出语文教育的目标应该是“让学生能拥有多种、完整的语文沟通技巧”。写作技巧也是语文沟通技巧的一部分，但什么才是完整的写作技巧呢？

综观各年级，学生为不同的目的、不同的读者而写作。教师对于什么是完整的写作技巧，各有不同的概念，并各自根据自己的概念，让学生从事逐渐复杂的写作练习。早期的语文教学，孩子的写作能力，从绘画、口说、拼字、看图说故事的能

① 莎拉·弗里德曼（Sarah W. Freedman）、琳达·弗拉瓦（Linda Flower）、G. 霍尔（G. Hull）、J. R. 海耶斯（J. R. Hayes）：*Ten Years of Research: Achievements of the National Center for the Study of Writing and Literacy*，暂译《十年研究：国家写作与文学研究中心的成就》，加州伯克利，美国国家写作研究中心1995年版。

力逐渐发展而来。进入中学或高中阶段，学生可能经常会被要求写一段名著摘要、一篇实验报告、一则阅读心得、一篇考试作文，这些作文的长度和难度各有不同。到了大学阶段，他们必须接受更复杂、更多元的写作任务挑战，但他们可能还没准备好接受这些挑战。学校需要让学生写得更多，让他们及早拥有丰富而多元的写作经验，才能让他们有能力应付这些挑战。

学生学习写作所面临的挑战是持续不断的。教师、作家及创新写作教学法推动者萧纳西（Mina Shaughnessy）在其著作《错误与期待》（*Errors and Expectations*）中写道：**“很少人，即使是最有成就的作家，可以很有信心地说自己已经学成了写作……写作是作家永远在学习的事情。”**在纽约市立大学教授基础写作课程时，萧纳西是一位教育界的先锋，率先提出教师应该注意学生在写作上犯的错误，与学生被要求使用“学术语言”之间有密不可分的逻辑关系。她注意到学生在学习并接受最困难的写作挑战时，他们犯的机械性错误便会增加，不是拼字，而是选字、语法、修辞策略上的错误。但是这类错误，应该被视为一种成长，而不是退步。因为只有在企图尝试新的写作技巧时，才会犯这一类错误。

她写道：**“学校与学校、教师与教师之间，对于精通写作的定义有很大的差异。我们同样关心最基础的正确用字的能力，至于写作风格，教师们则有不同的偏好。甚至对于一些写作常见的错误，哪些错误更严重、更不能接受，教师彼此之间也有很大的歧见。”**

但是，正如加州大学洛杉矶分校教授麦克·罗斯所说：“学习写作并非一蹴可及，况且每个人的学习进度也不同。有效的写作教学，应该给予学生能够支持他们成长的回应。”

所以，教师应该就何谓“好的写作”建立共识。如果同一所学校的教师，对于何谓“好的写作”标准有很大差异，那学生就会产生疑惑，教师同僚之间也会发生误会。多位受访校长指出，教师之间对写作程度标准的歧见，是开展全校一致的写作课程的绊脚石。在低年级，由一位教师教授全部科目时，还不成大问题，但是到了中高年级，不同科目的教师之间（不是只有语文老师而已），对于怎样才是“好的写作”，应该达成共识，学生在写本国语作文、外语作文、自然科学报告时，都应该以同样的写作标准来要求。中学校长克莉丝塔尔·英格兰（Crystal England）在美国国家写作计划访谈中指出："只有语文老师会负责写作教学，科学老师只会期待新生写出一篇精心研究、文法正确的实验报告，却不了解这些学生在过去读小学的六年当中，可能从未学习如何写一篇好的实验报告。所以科学教师在拿到学生第一份实验报告时就失望了，他们会怪语文教师没有教好，或者怪小学教师没有教好。其实在学校任课的所有教师，不论教什么科目，都应该对学生的写作能力负有责任。"

同时，学校应该发展出一套公平、确实的写作能力评鉴制度。学生的写作表现与成长很难评量，不只是因为大家的标准不统一，也是因为光靠一次考试，不能真正看出学生的写作程度。作文考试可以用来衡量一所学校或一个学区在写作教学上的成果，但是很难鉴别出个别学生的程度。研究指出，很多州的写作评鉴制度根本没有量化。教育家格兰特·威金斯（Grant Wiggins）在其著作《教育评估》（*Educative Assessment*）中指出：**"很多州的写作评鉴制度，将好的写作低估为是否切**

题，以及结构、文法、拼字正确与否，却不考虑这篇文章本身是否有力，是否令人印象深刻，有说服力，或者动人。但这些才是人们阅读的核心目的。”（关于写作评鉴制度，本书第五章有更深入的探讨。）

教师需要多元策略来教写作。因为写作牵涉到复杂的思考与解决问题的能力，教师需要不只一本教科书、一套教案，才能满足不同学生的需要。过去，美国教育界对于读写教育的主张在两派间拉扯：一派强调正规的写作形式例如用字、文法、句型、体例等，另一派则强调文章的内涵如中心思想、表达方式、如行云流水般地自然等。在今天的美国课堂上，多数教师主张两者并重。

教师需要写作训练

写作是一门复杂的技术，需要学习，教写作也是。学校必须为所有科目的教师提供写作教学的在职训练。《十年研究：国家写作与文学研究中心的成就》一书指出：**“在校方或教育当局努力进行读写教育改革的同时，我们必须仰赖第一线的教**

师，作为达成改革目标最主要的贡献者。如果我们希望学校成为教师发挥专业的场域，则教师本身的写作能力也应该被列入考核其专业能力的标准之一。”

练习写作的第一手经验，可以帮助教师更加了解学生在增进写作能力的过程中遇到的问题。新罕布什尔州立大学教育系教授、写作教学研究家唐纳德·格雷夫斯（Donald H. Graves）认为，教师应该接受更多的写作教学训练。即使是在共同核心标准（详见本书第五章）上路后，小学教师的训练仍然偏重阅读教学，只有少数州要求小学教师接受写作教学法的训练。高中教师则多不关心读写教学，尽管读写对各科目都有帮助，包括科学与数学课，但这些科目的高中教师都没有机会将写作应用在课程中。在多数学校，读写教育就只是教本国语文的教师的责任。但是，已经有不少走在前面的学区与学校，将写作视为跨科际的教育，并且宣布提升学生写作力是各科教师共同的任务，同时提供教师在职训练。这种制度上的改变，成为推升写作教学力的关键。美国国家写作计划在这个过程中扮演重要角色，培训教师领袖的成效卓著——塔妮亚·贝克就是一名教师领袖。

我们需要写作力，一方面是因为，不论是在学界还是业界，很难想象有任何一种能力，比写作力更重要；另一方面，有很多人仍然以为写作是一种特殊才能，只有受到特别好的教育或者特别有天分的人才能做到。有经验的语文教师指出，这是一种迷思。其实，所有的人都可以学习写，并且写得好。对此，麻州州立大学英文教授皮特·埃尔伯（Peter Elbow）在《每个人都能写》[1]一书中有很好的阐述：

- **每个人都有能力愉快而满足地写出很多东西，不需要太挣扎。**
- **每个人都有能力厘清自己的想法，并且用文字呈现出来。**
- **每个人都有能力写出其他人想读的东西。**
- **老师可以为学生赋能，帮助他们喜欢上写作，并且将写作能力应用在生活中。**

在提升写作力的同时，阅读力也会得到提升。读与写，是一体的两面。

① 埃尔伯：*Everybody Can Write*，暂译《每个人都能写》，纽约：牛津大学出版社2000年版。

教师需要多元策略来教写作。因为写作牵涉到复杂的思考与解决问题的能力，教师需要不只一本教科书、一套教案，才能满足不同学生的需要。

第2章

作文的第一课，不是起承转合

对马里奥·奥雷利亚纳（Mario Orellana）来说，十八岁的夏天令他永生难忘。那年暑假结束的时候，知名的《赫芬顿邮报》（*Huffington Post*）刊出了他的一篇文章《Niño》，Niño（西班牙文）就是“孩子”的意思。在这篇文章里，奥雷利亚纳忆述了他在危地马拉的童年，以及他九岁那年只身随蛇头偷渡到美国的往事。

是的，奥雷利亚纳是一个无证移民。在九岁偷渡美国以前，他没有上过学，不识字，只会说西班牙文。但在2013年，他十八岁那年夏天，赫芬顿邮报竟然刊出了他以英文写成的作品。这给了他莫大的鼓舞，他开始相信，有一天自己也能上大学的梦想，也许不只是梦想。

十八岁的奥雷利亚纳，当时在纽约城市高中（New York City High School）就读九年级。因为九岁才入学，他的体型一直都比同学高大，加上不谙英文令他自卑，他经常坐在教室最后一排，缩着身体。升上高中，他与同学之间的体型差距消失了，但是他已经养成了弯腰驼背的习惯。他的身材很瘦，肤色深浓，头发微鬈，脸上长着青春痘，是个不起眼的少年。

暑假来临，他参加了一个“青春的声音”（Youth Voices）写作营，这是为期三周的写作夏令营。写作营的教师鼓励学生通过写作，发掘自己的声音。参加写作营的孩子，每天都要写一点东西，可以是小故事、诗或是短文。写完以后，学生们读彼此的作品，互相给建议，教师则从旁指导。有得意作品，也可以发表在写作营的博客（http://nycwritingproject.org/category/news/blog/），以得到更多回馈。

用文字为自己发声

《Niño》(《孩子》) 一文就是奥雷利亚纳在写作营完成的作品。他叙述自己出生于危地马拉的一个小村庄，童年过得非常艰苦。母亲生下他时仅有十九岁，与父亲相差八岁。母亲娘家很穷，她经常饿肚子，好让弟弟妹妹们吃饱。她早早出嫁，希望减轻家庭负担。父亲来自“村里最有钱的家庭”，但母亲希望借由婚姻减轻家庭负担的愿望没有实现，反而经常遭到有暴力倾向的父亲拳脚相向。后来，母亲离家出走，有很长一段时间没人知道她去了哪里。直到奥雷利亚纳九岁时，一名蛇头出现在他危地马拉的家里，自称被他母亲高价雇用，瞒住父亲带他偷渡美国，奥雷利亚纳这才知道原来母亲早就只身北上，逃往美国。经过艰苦的旅途，母子终于重聚。老师把这篇文章寄给赫芬顿邮报，真挚的语言感动了编辑。九月的时候，这篇文章刊出了，加了一个副标题“我与母亲的团圆之旅”，配上一张奥雷利亚纳的黑白照。

奥雷利亚纳非常惊喜。“我们拉丁美洲最伟大的记者和作家——爱德华多·加莱雅诺（Eduardo Galeano）曾说，科学家认为我们都是原子、空间和物质做成的，但我们也是故事做成的。”他说，“我一直都是这样想的，如果没有这些故事，我这个人就什么都没有了。写作让我的故事被听见，我的挣扎和情绪，都有了生命。”

奥雷利亚纳参加的写作营，是由纽约市写作计划（New York City Writing Progect）所主办。纽约市写作计划是美国国家写作计划的一个卫星站。在位于加州大学伯克利分校的总部领导下，美国国家写作计划，长期透过在全美各地的185个卫星站，训练教师、推广读写教育。2016年，全美共有三万三千名中小学生，参加由国家写作计划卫星站举办的夏季写作营。

以纽约市写作计划为例，每年夏天，通常是七月，会举办一个为期三周的夏季写作营。其间学员每天早上九点到下午一点，聚集在纽约城市大学莱曼学院（Lehman College）的一间教室里，动脑、写作、讨论。写作营固定有十名教师，学员人数则不超过三十人，师生比为一比三。学员在写作营的一天通常是这样的：

- **早上九点到九点半是晨读时间，让学生读任何自己想读的东西：可以读教师推荐的书单，可以带自己喜欢的书籍来与其他同学交流，也可以低声讨论。**

• 九点半到十点半是自由写作时间，有时候教师会在教室里放轻音乐，学生一边听音乐，一边拿笔在纸上不受拘束地写下任何兴起于脑中的念头。有时候教师会放一段短片，可能是祥和的风景画片，也可能是争议性的时事视频，学生看完以后，写下自己对影片的任何感想或联想。

• 十点半在短暂休息后回到教室，从这时到中午十二点，是进行研究与完成“个人项目”的时间。学生们在夏令营第一周内，经过思考并与教师讨论，决定一个“个人项目”，作为个人在今年写作营结束时必须完成的目标，例如写一篇小说、写一部剧本，甚至是申请大学的自传。之后每天用两个小时的时间，在教师指导下，逐步完成该目标。

• 中午十二点到下午一点是讨论与反馈的时间，以小组方式进行，学生轮流读一段自己的作品，然后互相检讨、评论。

每个星期有两天，教师会在教室里待到下午三点钟，指导有心完成额外工作的学生。去年有些学生想写剧本并尝试拍摄，写作营也特别聘请师资，指导这些学生完成拍摄和剪接工作。纽约市写作计划的目标是，经过写作营洗礼的学生，未来就算没有教师近身指导，也有能力自己发想题目、完成作品。

奥雷利亚纳在九岁以前，不会写字也不懂阅读。他的成功，说明有效的教育，可以真正提升学生的读写力，培养他们成为犀利的读者、优秀的作家。

制定有效的读写教育策略，是一门复杂的学问。半世纪以来，美国的写作教育未能在校园好好地开展，部分原因是强调文法、拼字等基本技能的一派，与强调构思、起草等写作过程的一派拉锯不休，另有部分原因是由于像奥雷利亚纳这种母语并非英语的少数族裔背景的学生愈来愈多。2014年，美国公立学校的少数族裔学生人数，首度超过学生总人数的一半，从少数变成多数。时代在变、文化在变，美国的读写教育也必须跟进、变革。

近四十年来，美国学界进行了大量关于读写教育如何进步的研究，得到很多结论。这些年来，不断有新观点产生，这些新观点改变了美国教育界对读写教学的认知，以及在课堂上进行读写练习的方法。这些研究中，有些关注写作的过程以及专业作家的写作训练，并探讨这些知识可以如何被应用于课堂上，有些则关注语文活动及教室外的大环境如何影响学童在校内的学习。本章择要介绍这些研究，并探讨在早期读写能力发展的过程中，阅读力与写作力之间重要的联结，以及美国教育界对于学龄前幼儿早期读写发展的认识。

两派教学法的拉锯

写作是怎么被传授的？直到上世纪70年代，多数英文写作教育都强调下列这些技能：认识字母、拼写单字、识别词性、照样造句、熟悉文法规则与标点符号、根据教师指定的文体范例与写作风格，模仿着写出一段文字。这种注重拼字、文法等基础技能的教学法，很大程度是“成果导向”；也就是说，关注学生写成的东西，但是并不注意他们写作的动机以及写作的过程。

文学理论家詹姆士·柏林（James Berlin）曾指出，这种讲求“正确性”的作文教学法及评量标准，是源自19世纪的语文发展典范，当时的教育理论普遍强调记忆与技能的训练。当时的语文教育理论也认定，在学习写作之前，应该先学阅读；

并且认为写作教育应该注重文章的外在形式（用字及文法）及避免错误。正如加州大学洛杉矶分校教授麦克·罗斯在《可望生活：公立学校教育给美国人的承诺》[①]一书中指出，在20世纪初叶，作文课普遍的评分方式，量化并计算错误，例如写错一个字就扣一分，但犯错的原因很少被注意到，遑论去考虑“尝试错误是写作者成长的重要过程”。

这种教学法的优点，是可以帮助理解语言并提升语文基础知识与技能。但是这种写作教学法很有局限性，过度在意机械性错误，却忽略了更多写作的可能性，例如透过文字与社会联结，以及以文字作为沟通与批判性思考的手段。这种教学观，犹如以为“只要熟背交通法规以及驾驶手册，就能自动学会开车了”。当然，交通法规跟驾驶手册可以帮助新手驾驶减少错误，帮他们通过驾照笔试，却不能取代真正坐在驾驶座上、在各种路况下操作方向盘的经验。新手驾驶当然还是要实际上路练习，最好有个指导员坐在副驾驶座上，这才是学会开车最好

① 麦克·罗斯：*Possible Lives: The Promise of Public Education in America*，暂译《可望生活：公立学校教育给美国人的承诺》，纽约：企鹅出版社1995年版。

的方法。这个道理很简单，但几乎整个20世纪，写作教学一直被上述机械性的教学法所主导。以1930年发表于《英文期刊》（*English Journal*）的一篇论文为例，该文作者莱拉·柯尔·百里西（Luella Cole Pressey）主张：**“百分之九十的学生需要了解的写作技巧，都可以归纳为四十四个英文作文原则。”**她甚至建议把这四十四个技巧分散于二年级到十二年级之间教学，这样学生每年只需要熟悉四到五个技巧。

直到最近，美国许多高中的写作课，仍采注重拼字、文法等基础技能的“成果导向”教学。中学语文教师、东密歇根州写作计划（Eastern Michigan Writing Project）召集人茱莉·金恩（Julie King）在与美国国家写作计划的访谈中忆述自己学习写作的经验，她是这样说的：

“我还记得那堂所谓‘作文课’，每个星期我们都要写一篇五百字的作文。我们写各种文体：叙事文，描述文，比较文，论说文……我们在星期一拿到作文题目，但教师很少与我们讨论这些题目，也很少说明他希望我们写些什么。大部分的时间都在听教师讲解句型以及段落结构，可是我们很少有机会把这些运用到真正的写作上，教师却坚信，我们以后自动就会使用这些知识。我们的确学到一些‘公式’，比方说写论文的时候要有三个部分：第一段破题，第二段论述，第三段结论。然后，下个星期一，我们把写好的作文交出去，同时拿回上周交的作业，上面会有一些红色的记号。每个红色的记号代表一个错字，我们要把每个错字订正好，把正确的字练习写十遍。”

这种传统作文课渐渐在改变，因为近年来，愈来愈多教育家提倡重视构思与起草的“过程导向”写作教学。长期以来，许多研究者质疑，只教文法、用字以及标点符号的写作教学法，不能让学生写得更好。这个问题最早获得重视，是由于1985年美国国家教育学院（National Institute of Education，隶属于美国政府卫生及公共服务部）提出突破性的报告《成为阅读者的国家》[1]，这份报告指出：

“强调文法的教学被认为有道理，是基于它能提升学生写作能力的前提……但是，熟悉文法就能良好地使用语言，却是

① 委员会针对阅读所做的报告*Becoming Nation of Readers*，暂译《成为阅读者的国家》，华府：教育部暨国家教育学院1985年版。

错误的假设。这也许就是为什么，过去十五年来的经验显示，尽管我们一直致力于文法教学，学生的写作能力几乎没有进步。研究指出，唯有让学生写得更多，且针对特定读者、从事更多有具体沟通目标的写作，他们才能够更进一步学习到一些写作细节——例如标点符号或动词与主词的一致等文法规则。目前学校让学童练习写作文的时候，都没有给学童一个沟通的目标或沟通的对象。我们应该要注意到这一点：作文应该有是有中心思想、有目标读者群的。”

新概念的写作教学

这份突破盲点的报告，所要传达的重点其实只有一个：写作的第一课，不是起承转合，而是认识读者。所谓的“认识读者”，是指在练习写作时，学生应该是在对或真实或假想的特定对象发表自己的意见。读者可能是自己（写日记的时候）、朋友（写信的时候）、教师、学校或小区里的同侪。

数十年来的研究显示，仅仅强调拼字与文法等技术的教学法，不能提升学生的写作能力。70年代初期，珍妮特·埃米（Janet Emig）和唐纳德·格雷夫斯等学者，开始研究一篇好的文章究竟是怎样写成的。他们的研究法深受珍·皮亚杰（Jean Piaget）与列夫·维果茨基（Lev Vygotsky）等人所主张的社会认知发展理论的影响，该理论特别强调社会文化是影响学童认知发展的重要因素。埃米深度访谈高中生及专业作家，格雷夫斯则以直接观察年轻学生的写作，来进行研究。

他们研究的目的，是为了探讨“培养一个作家”的意义，并且了解人们在写作时心智会产生哪些活动，以及他们怎样学习写得更好。他们的研究成果指出了学习写作的几个阶段：预写、起草、修改、编辑。他们也企图去了解写作应该从何着手：一个好的作者怎么样选择题目，决定写作范围，一篇文章怎样从一个初步的、朦胧的主题思想，变成一系列有组织的、连贯的、优美的文字。

“作文的过程，始于一个念头的兴起，终于这个念头被完整地写成文章，或者被放弃。在这当中，作者做的每一个步骤，都是写作的一部分，这些步骤没有特定的顺序。”新罕布什尔州立大学教育系教授、写作教育研究家唐纳德·格雷夫斯说，

“所以，教学生按照特定的公式（例如起承转合）来写文章是无效的。一个好的作文教师应该做的，是帮助学生寻找灵感；也许是日常生活中的一个机会，也许是一篇燃起你心中强烈感想的文章。我仍然坚持，如果孩子们一个星期不至少练习写三篇文章，他们的写作能力就死了，他们很难成为写作者。提供学生频繁的机会练习写作，即使不在作文课堂上，学生也会思考关于写作的事情。我把这叫做持续构思。”

埃米与格雷夫斯的后续研究发现，学习写作有助发展高阶思维，包括分析、综合、评估、解释等能力。写作最难的部分，也是它最好的部分：让学生不只是遵循固定的模式学习、像鹦鹉般复述讯息，而是重新组织、加入自己的见解。在写作过程中，学生也要学习质疑自己的假设，进行批判性的反思，考虑对立的主张与意见。芝加哥大学教育系教授小乔治·希洛克斯（George Hillocks）主张，从教学的观点出发，写作应该是一种“查找”（Inquiry，详见本书附录）——问对问题、找出答案。国家写作计划继承希洛克斯的观点，直到今天仍积极推动“以查找为基础的教学”（Inquiry-based teaching）。

“事实上，以查找为基础的教学，在今天更为重要。”国家写作计划课程主任塔妮亚·贝克说，“因为这是一个信息爆炸的时代，我们不怕找不到资料，怕的是找到假资料。查找的技巧，可以帮助教师和学生判断哪些数据是可信的。”

好的写作课程大纲，应该要结合“查找”的技巧：搜集资料、评估证据、比较不同案例、找出其中异同，然后解释证据为何支持或不支持某一观点，提出假说并厘清其中的逻辑，从自己也从他人的观点出发来考虑事情。希洛克斯教授认为，正因为要进行这些批判性思考的练习，写作课应该是所有科目中对学生影响最大、最深远的科目。

有明确动机、应用查找技能的写作教学，让教师将注意力重新放回写作内容上，而不只是注重文法拼字。希洛克斯在其著作《以写作为反思过程的教学》[①]中指出，作文教师应该帮助学生培养两种知识：一是能够建立作文内容的查找技巧，二是灵活运用各种文体的表达技巧。在各学门、各领域的批判性

① 小乔治·希洛克斯：*Teaching Writing as a Reflective Progress*，暂译《以写作为反思过程的教学》。纽约：师范学院出版部1995年版。

读写中，这两种技能都是不可或缺的。例如，很多教师有感当前中学及大学学生的作文经常论述不清、没有说服力。他们常见的问题，包括提出的主张没有根据、不能提出足够证据支持自己的论述、把个人意见当作科学证据。

十个写作教学策略

查找的技能，让学生有能力构建出一套论述，有条有理地列出证据与观点，说服读者。问题是，要怎么教会他们查找的技能呢？多数学生需要一些参考的范文，以及直接来自教师的指导。他们也需要学习先建立文章的架构，学习在下笔之前先拟好大纲，根据大纲，他们脑海中应该有一个关于这篇文章组织的蓝图，并据此一步步求证、提出证据，实际运用查找的技能。关于这一点，美国国家教育进步评估（NAEP）暨教育考试服务机构（Educational Testing Service）的研究举出实例（将在下一章详述），同时，致力推广跨科际写作教育的西雅图大学写作计划主任约翰·伯恩（John C. Bean）在其著作《导引思想》[1]中，提出十个批判性思考与查找性写作的教学策略，各科教师都可以灵活运用。

不分年级、不分科目，伯恩的这十个策略都可以用上。运用的方式，可以作为随堂练习、回家功课、小考题目、分组作业，甚至可以作为课堂活动，让全班一起讨论。

十个批判性思考与查找性写作的教学策略

一、出作文题目时，要考虑到让学生有机会联结课堂上新学到的知识，以及生活中的经验，或是过去已经学过的知识。

二、要求学生练习将课堂上学到的新知，用自己的语言，传授给别人。

三、找一些在本科领域里有争议的论文，让学生研读，并在课堂上分为正反双方进行辩论。

① 约翰·伯恩：*Engaging Ideas*，暂译《导引思想》，旧金山：Jossey-Bass出版社1996年版。

四、让学生就特定议题发表意见。

五、给学生一些原始数据，例如图表、数据、表格等，让他们根据这些资料写成一篇论说文。

六、用一个开放性的问句作为文章的起头（例如：我如何看待废除死刑），让学生根据这句话，写出一篇短文，文章要有清楚的结论以及支持该结论的种种细节证据。

七、让学生“角色扮演”，从不熟悉的观点出发来做论述，例如“我是小狗，我认为……”“我是外星人，我认为……”

八、选一些本科目领域里重要的文章，让学生研读并练习写摘要。

九、找一个本科目领域里有争议的话题，让学生创造两个持相反观点的角色，练习写一段这两个角色的对话。

十、编造一个冲突或困难发生的场景，让学生想象，他们若是处在这样的情况下，要如何达成共识或解决冲突。

构思、演绎、检阅

受到自70年代兴起的认知发展理论影响，近来很多与教育有关的研究，都强调要教学生如何思考、用逻辑与推理来解决问题，对所有的科目都要进行批判性思考。在读写教育方面，这个观点同样应该强调，让学生调整他们写作时的思考模式。此外，多数研究支持写作是有递归性的（recursive，详见本书附录），也就是以相似方法重复事物的过程，因此，写作过程不是线性的，而是以构思、演绎、检阅为主轴，周期性地、循环地进行与开展。

- **构思：发想主题，确定目标，组织题材。**
- **演绎：将想法转换为文字。**
- **检阅：复审并改写。**

这个重复的过程，不一定按照固定顺序来循环，即使是很有经验的作家也一样。依作文的主题、目标读者群的不同，作者可能会在写作过程中改变目标，或创造出新的目标。

写作的过程，是作者与文章的角力。很多作者直到写好草稿之前，都还不确定文章的主题。少数专业作家可以从主题句或大纲开始，多数会尝试好几个版本的草稿并经过多次改写与编辑。普利策得奖作家特雷西·基德（Tracy Kidder）说："我写作，是因为除非我把一个想法形诸文字，否则我都不知道我在想些什么。"跟他一样，很多专业作家都承认写作不是能在短时间内精通的，而是终身的学习。过程中必须适应不同的目的与背景，持续修正自己的技能。把写作当做一种查找、一种发现的概念，对各科目的学习都有重大意义：因为写作不应该被局限于语文课，而应该广泛被应用于数学、科学、历史、美术各个科目。

正如迈阿密大学英文写作教授汤姆·罗马诺（Tom Romano）在其著作《清出一条路：与少年作家合作》[①]中所写：**"教师可以让学生借由写作，去发掘、创造、探索他们的思想，深掘他们既有的知识，培养智能上的独立，揣度各种的可能，挑战困难的概念，并在所有的科目上运用他们的想象力。"**

① 汤姆·罗马诺：*Clearing the Way: Working with Teenage Writers*，暂译《清出一条路：与少年作家合作》。新罕布什尔州：海尼曼出版社1987年版。

不论是在幼儿园还是在大学，在一个好的作文教师班上，都要有机会运用并磨炼查找、起草、改写、编辑的技能。前面所介绍的写作教学相关研究，影响写作教育甚巨，但还不能完全解答美国教育界面临的许多基本问题。自80年代起，美国中小学校园里，学生的年龄、文化背景差距渐大，这种现象在郊区学校更是明显。马里奥·奥雷利亚纳就是典型的例子。他九岁才入学，入学时既不识字也不会说英文。类似现象衍生许多关于校园文化的讨论。语言人类学家雪莉·布莱斯·西斯（Shirley Brice Heath）的著作《语言的用法》[①]就详述，少数族裔及低收入家庭，他们在写作及口语习惯方面，无法融入美国主流文化，这些家庭的子弟，很难达到学校的语文程度要求。这些学生在语文方面的低成就，无关他们的认知能力，而是家庭文化与学校文化之间的落差造成的。西斯及另一位学者约翰·特姆布尔（John Trimbur）把这种现象称做写作教育的“社会转变”。

① 雪莉·布莱斯·西斯：*Ways with Words*，暂译《语言的用法》。纽约：剑桥大学出版部1983年版。

尊重学生的文化差异

许多美国当代的社会文化研究，聚焦于家庭语言与学校语言之间的冲突性，其中一些研究有令人惊讶的发现。例如学者丹妮·泰勒（Denny Taylor）与凯瑟琳·多西加恩斯（Catherine Dorsey-Gaines）发现，大都会的少数族裔家庭，不论是文字还是口语的语言使用，其实丰富多样。他们的孩子在学校面临的困难，往往并非由于学生在家里跟学校讲不同的语言，而是由于贫穷、资源匮乏以及学校教育的不足造成的。

这个研究对于学生的语言发展，提出新的观点，提醒了美国教育界，语言的使用并不只是一种思考活动，同时也是一种社会活动、一种文化活动。正如心理语言学家詹姆斯·保罗·吉（James Paul Gee）所指出，读写能力，其实不只是学习读和写而已。学生的写作力是在语言环境（或称“语境”）下发展。语境是一套社会固有的价值、信仰、规范、行为系统。学生的写作与阅读，是他们身份认同的一部分，糅合了“口说”“手写”“价值”“信仰”。校园中学童的语言是如此，社会上各行业人士的语言也是如此，医学界、教育界、工程界……各行各业的人都有自己的行话。

亚利桑那州立大学语言与文化学教授刘易斯·穆尔（Luis Moll）也在《社区及教室里的读写研究》[1]中指出：**“读写是一种使用语言的方式，而其目标是多样性的，不但有知识性的意义，也有社会文化的含义在其中。”**

尊重来自不同文化与身份认同的学生，可帮助教师更有效、更敏锐地教育不同语言背景的孩子。近二十年来，有关学习英文的研究发现，在学习新的语言时，不但是在学习新的文法系统，更是在学习一种新的身份认同。只有在学生不排斥这种新身份时，写作教育才会成功。夫妻档学者大卫·弗里曼（David Freeman）与伊文·弗里曼（Yvonne Freeman）的著名研究《两个世界之间：习得第二语言》[2]得出以下结论：**“有效的学校教育，设计课程时应同时考虑到学校及社会两个层**

① 刘易斯·穆尔：*Literacy Research in Community and Classrooms*，暂译《社区及教室里的读写研究》，收录于*Multidisciplinary Perspectives On Literacy Research*一书，暂译《从跨学科的观点看文学研究》。伊利诺伊州：全国英语教师委员会出版1992年版。

② 大卫·弗里曼、伊文·弗里曼：*Between Worlds: Access to Second Language Acquisition*，暂译《两个世界之间：习得第二语言》。新罕布什尔州：海尼曼出版社1994年版。

面，并且兼顾少数族裔学生的需求。”

说到考虑学校及社会两个层面，主要的挑战应该是在考虑“社会背景”。弗里曼夫妇的写作研究告诉我们，学习写作不但牵涉到查找、起草、改写、编辑的过程，而且也织起一面学生与其同侪、家庭生活、社会文化之间的关系网，联系起学童的家庭与社会文化。这个研究让学界知道，好的写作教育，不但能促进学生的学业成就，也能激发文化认同。

加州州立大学伯克利分校教育系教授莎拉·弗里德曼（Sarah W. Freedman）、伊利诺伊州立大学文学教授安妮·哈斯·戴森（Anne Haas Dyson）、卡内基梅隆大学英文教授琳达·弗拉瓦（Linda Fower）、加州大学圣塔芭芭拉分校语言学教授华莱士·沙菲（Wallace Chafe）等四位学者合写的论文《写作的研究》[1]就指出：**“虽然我们对‘有效’与‘无效’的课堂环境都有所感受，但是面对这么多元的人口组成，我们还需要去了解课堂活动的社会与认知维度，以及不同语文背景**

① 莎拉·弗里德曼、安妮·哈斯·戴森、琳达·弗拉瓦、华莱士·沙菲：*Research in Writing*，暂译《写作的研究》。国家写作与文学研究中心1987年版。

的学童对这些活动的反应。只有这样，我们才能了解有哪些施力点，可以为学生创造更舒服、更有效的课堂环境。”

心理学家及教育改革家约翰·杜威（John Dewey）也曾说：“从学童的观点来看，学校教育最大的浪费，就是课程不能让学生把教室外的经验自由且充分地应用在课堂上；另一方面，学生又不能把他在学校里学到的知识应用在日常生活里。”

孩子应该何时，又该如何开始学习写作呢？早期学校对于读写教育有一个先入为主的观念，就是学习写作之前，要先学习阅读。这个观念，自60年代起就根深蒂固，很多学者主张“同时学两样东西对小孩来说太多了”。但当时加州大学伯克利分校教育学院院长戴维·皮尔逊（P. David Pearson）却认为，写作本身就是阅读教育重要的一环。他的主张得到美国国家科学研究委员会（National Research Council）的支持。该组织出版的《预防幼儿阅读困难》①，大量引用皮尔逊的观点：**“学童从小学一年级开始，就尝试不同形态的写作。他们涂鸦、使用**

① *Preventing Reading Difficulties in Young Children*，暂译《预防幼儿阅读困难》，https://www.nap.edu/catalog/6023/preventing-reading-difficulties-in-young-children。

不连续的字母串、用图画来表现他们读过的故事。当成人问他们想写什么的时候，他们都能不同程度地表达出自己的意思。在这个年纪，他们已经都能按照自己的本意，反复琢磨表达己见的方式，虽然他们的‘写作’，不一定能被成人读懂。随着他们逐渐精通文字，他们会历经许多阶段，学会采用通用的语言来表达自己的意思。”

写作可从学前开始

皮尔逊认为，学习阅读与学习写作，两者之间有一种“协同关系”，而因为这种协同关系，从孩子幼儿园起，就应该开始教他们写作。其他观察早期读写教育的学者，也提出提前教写作的理由。戴森针对早期读写学习的研究指出，儿童用来展示他们的想法以及与他人互动的方法，包括涂鸦创作、演戏、说故事等，儿童在学会拼字、造句以及使用段落以前，就可以用涂鸦表达出自己的想法，这些涂鸦就是最早的写作。赞成此一观点的教育者及研究者解释，写作教育始于学前教育，任何产生内容的学习活动，都是写作教育的一部分，小小孩就可以学习用不同的方式，来探索、表达自我、与人沟通。这就是最早的写作教育。

很小的小孩就可以学习画图、说话，来建立最初的写作能力。戴森与弗里德曼都观察到："小孩会认字，就像他们会认图，他们很早就学会，文字跟图画一样，是表达思想的一种方式。事实上，小孩把文字视为和图画类似的东西，他们解读文字就像解读图片一样。他们也许把文字视为一种符号：他们可能还不会用文字写一篇演讲，但是他们可以轻易地把特定文字与特定的人、物件或是名字联系起来。"

儿童的写作能力发展，也与他们所处的实际社会环境有关，当他们发现语言的社会及实用功能时，他们就能写得更好。他们会从社会互动中，发现文字的实用性。例如，弗里德曼领导的研究指出：**"当小学教师依循最近写作研究的建议，开始引导学童针对真实的读者、因为真实的理由、分享真正的想法来写作，并且依赖这些真实的读者**（例如教师或同学）**来得到真实的回馈，他们就能写得更成功。"**

这些对于早期读写能力的观点，反映出学界对阅读与写作的全新认识：阅读与写作的学习，是交织在一起、密不可分的。阿肯色大学教育改革系教授桑德拉·托茨基（Sandra Stotsky）经过长达十五年对阅读教育与写作教育的研究，得出以下结论：

- **愈好的写作者，通常也是愈好的阅读者。他们能更好地检视自己的作品，也能更好地理解别人的作品。**
- **愈好的写作者，读得愈多。愈差的写作者，读得愈少。**
- **愈好的阅读者，愈能创造出成熟的作品。愈差的阅读者，愈容易犯文法及拼字上的错误。**

阅读与写作之间的关联是什么？加州州立大学弗雷斯诺分校文学教授、圣华金谷写作计划主任盖尔·汤普金斯（Gail E. Tompkins）在其名著《二十一世纪的读写教育》[1]中指出，写作练习，至少可以在三个方面帮助学生读得更好：

一、阅读者与写作者，使用的知识性策略是一样的，包括组织题材、驾驭文字、提出问题、修改原意。学童通过阅读与

① 盖尔·汤普金斯：*Literacy of the Twenty-First Century*，暂译《二十一世纪的读写教育》，新泽西州：梅里尔教育出版社2011年版。

写作活动，同时发展上述能力。好的阅读者和差的阅读者之间最大的差别，是他们使用的策略，而非他们使用的技能。

二、阅读力与写作力发展的过程是类似的。例如，过程中的第一步，都是激活既有的知识，决定好一个目标。因为这两者的发展过程是如此类似，学生是同时由读和写学习语文的概念。

三、学童在阅读与写作时，使用很多相同的技能，拼字就是很好的例子。学童使用拼字能力来“译码”，并成为优秀的阅读者，同时也用拼字能力来“制码”，学习写作。

许多研究，包括美国国家教育评估阅读报告，都指出，阅读能力的发展不是独立发生的，学童同时发展阅读、聆听、口语、写作的能力。相关研究已经说服许多教育者，整合阅读与写作，对于早期读写能力的发展有多种益处。

读与写的协同关系

关于阅读与写作的协同效应，戴维·皮尔逊有深入的研究。皮尔逊曾任加州州立大学伯克利分校教育研究所所长，是美国学界公认的读写教育及教育改革权威。他曾主导两个全美知名的读写研究机构：伊利诺伊州立大学阅读研究中心、密歇根州立大学早期阅读成就促进中心。皮尔逊接受美国国家写作计划访谈时，指出阅读与写作的协同效应，能带给课堂读写活动很多启示。

“写作在早期阅读力发展中扮演着一个核心的角色，”皮尔逊说，“我们看见愈来愈多学习写作与学习阅读之间的协同效应。”他解释，在最初步的阶段，年纪还很小的学龄孩子，开始学写字时，如果被鼓励按照声音拼出单字，他们就会意识到声音与文字之间的关联，而且精确地把特定的声音与文字联系起来。然而，皮尔逊认为，写作是一种更随意、更不费力、更自然的学习文字的方法。而且，写作不单单只是认识单字而已，还有其他的功能性任务，所以更有趣。这是读与写之间的第一种协同关系。

第二种协同关系是，在阅读时，是从文字推知其发音；在写字时，则是依据发音写下文字；这两者之间有很多重叠之处。就语文学习来讲，对小小孩而言，拼字比认字还简单、容易掌握。

另外，读写之间还有些不那么明显、结构与概念上的协同关系。当你让孩子写故事时，他们自然会想起自己曾经读过的故事，这是写作帮助孩子阅读的一个例子。孩子会用他们曾经读过的故事作为模板，来创造新的故事。从写到读是如此，从读到写也是。孩子会模仿曾读过故事的结构来写自己的故事，在读的时候也因此会更仔细观察文章的布局。同时学习读和写的孩子，在读的时候更专注，也更能从阅读中得到启发，只读不写的孩子则不会有这种收获。从书上读到“从前从前……”“……从此以后过着幸福快乐的日子”，跟自己写一个以“从前从前……”开头、“……从此以后过着幸福快乐的日子”结尾的故事，给孩子的冲击是完全不同的。自己练习写过某一种文体，以后再读到同样文体的文章，就更有体会了。

另一方面，写的时候，速度慢下来，会让人有时间细细检视文句。“我从以英语为第二外语的学生身上观察到这一点，”皮尔逊说，“写作练习比阅读练习更能让学生仔细观察文句。”如果想仔细检视一种语言的用法，读比听更容易，写又比读更容易让人专注。

有效的写作策略，例如让学生练习修改彼此的文章，也有助学生的阅读能力。当学生阅读、修改彼此的文章时，他们应该要问："作者想要表达什么呢？""作者表达得好吗？"以及："作者怎样写可以表达得更好呢？"而这些问题，恰好也正是读者从事批判性阅读时所应该问的，去认识作者，去理解作者的本意及动机。为什么会有人这样主张呢？为什么要采用这样的方式来表达呢？当教师让学生这样练习修改彼此的作文，就是让他们同时练习写作和批判性阅读。这也是读写之间重要的协同关系之一。

另一个明显的协同关系是，每个学生在课堂上写的东西，都会成为另一个学生在课堂上的读物。这样做，会给学生一个很棒的期待：我写的东西有人读，而不只是写来应付作业或是满足教师而已。这也告诉学生，在课堂上，写得好不好的标准，不是教师的一言堂，每个人都可以对别人的作品发表意见。为真正的读者，写真正的文章，这才是好的写作练习。

所以，这些是学习阅读与学习写作之间的协同性：首先学习文字与发音之间的关系，其次学习文字之间的关联性，然后学习“语用学”，即语文的意图与目的以及与读者之间的关联。“如果我要为小学一年级甚至幼儿园的学生设计一个阅读与语言艺术课程，”皮尔逊说，“我会安排他们每天都有一段练习写作的时间。一开始也许每天只需要十到十五分钟。学生可以练习组织文句：有时候独立作业，有时候两人一组，有时候全班一起创作。”教材方面，皮尔逊说，他会交叉运用单字、短句、简单的小故事等，让学生练习阅读、拆解、改写。

读写协同的课堂实例

阅读与写作之间的协同性，不只是理论，而是全美各地中小学教师早就带进课堂里实作的原则。兼任密西西比州立大学附设写作与思考机构主任的小学教师雪莉·斯温（Sherry Swain），就是一个实践者。她在小学一年级的教室里，综合读、写、文学评论教学。

斯温让小学一年级的学生自由阅读他们想读的东西，然后在日志里写下他们读了什么。在课堂上，她让每个孩子大声朗读自己的日志。读完以后，教师会给每个孩子一些评语或意见。斯温注意到，很多孩子在朗读的过程中，可能发现自己拼错字或漏字了，他们会主动订正。他们在朗读的过程中，也可能发现有些句子不通顺、不容易被别的同学听懂，他们也会自己修正。这就是小学一年级学生的改写及编辑练习。练习完以后，斯温让学生分成小组，然后每个学生把自己的日志读给同组同学听。当孩子们分享彼此的日志时，他们会讨论彼此读的东西，会评论哪本书好笑，哪本书让他们想起自己的个人经验，或是让他们想起曾经读过的另一本书。斯温让他们自由讨论。在这个阶段，小学生逐渐学会如何去欣赏一篇文学作品。

斯温也会引导学生做一些思考，例如这篇作品有没有用韵？她也鼓励学生发表个人意见，例如，“你觉得这篇作品跟你有什么关联？”“你觉得你从这个故事里学到什么？”斯温会把学生的讨论以及对作品的反应，条列在黑板上，让学生看到讨论的成果。她也要求学生用自己的话把故事重新讲一遍，或者要求他们去猜想这篇作品的作者是什么人，不让学生的感想永远停留在“我读了这本书”“我喜欢这本书”的粗浅阶段。

斯温是一个对写作有热诚的教师。1975年，《新闻周刊》刊出轰动一时的社论文章《为何强尼不会写作》，引发热烈讨论，激发许多有热诚的教师投身写作教育、学者投身写作教育研究。很多支持写作教育的学者，提出“写作过程”的策略，很多教师遵循其策略，让孩子按照自由写作、起草、编辑的程序，最后完成作品，这种教学法已经风行了数十年。但是，美国的读写教育与时俱进，四十年后的今天，当年提出理论引发风潮的学者，如唐纳德·格雷夫斯等人，纷纷提醒教育界：写作的过程不是固定的。作者应该要找出最适合自己的写作过程。另外一个对写作过程教学法的普遍误解是：思想才重要，文法拼字不重要，学生可以自习文法拼字。加州柏林格姆一位高中教师吉姆·伯克（Jim Burke）创办了写作教育电子圆桌论坛（http://englishcompanion.ning.com/）供全美各地的英文教师交换教学心得，并把自己的心得写成《英文教师的伙伴》[①]一书。他在书中谈及这个问题：

① 吉姆·伯克：*The English Teacher's Companion*，暂译《英文教师的伙伴》，新罕布什尔州：博因顿/库克出版社2012年版。

“美国各州都在起草立法，建立重新强调语法教学的课纲标准。有此需求，是因为大学与企业界对学生及新进员工缺乏正确的文法观念感到挫折，有些人相信这是因为高中教师在教作文时不够重视文法，但其实教师绝对不应该声称文法不重要。我们应该告诉学生的是，在开始写作时，尽量去发想点子，稍后在改写与编辑时，再来检查文法跟用字。但这样还不够，如果学生没有被要求成品的正确性，他们就不会看到正确用字的重要性。这就好像数学教师告诉学生‘只要过程正确，就算答案算错了也没关系……’这样是不对的。文法本身对学生构思写作并没有什么帮助，但是了解正确的文法，能够帮你更好、更精确地表达自己的意思，让你更有机会成为好的作家。正确的文法与清晰的逻辑，在一篇好文章里是很重要的。”

教育家丽莎·德尔皮（Lisa Delpit）则质疑，目前美国中小学的写作教学不够深入，尤其不能照顾到少数族裔学生的需求。德尔皮提出“缺少教学”（underteaching）的问题：教师面对能力低落的学生，不去改变教学策略，却是减少授课内容。

德尔皮在《别人的孩子：教室里的文化冲突》[1]一书中写道：**“缺少教学，可能是因为写作技能的缺乏，也可能是因为对写作过程不熟悉。”**她说明，一方面，脱离语境，只专注在技能上的教学，对低成就的学生来说，既无聊又没有意义，尤其他们已经受够了强调基本操练的教学，这些教学并没有给他们机会去动脑、去解读他们读到的文章。另一方面，当强调写作过程的教学法只专注在让学生“找到自己的声音”，不断让学生练习打草稿，却没有好好修正他们的文法、拼字，并好好完成一篇作文时，这些低成就的学生，也许永远没有机会学到正确的文法。文法规则，是所有学生都应该去熟悉的。

德尔皮同意写作教学应该专注在真正的写作任务——为真正的读者写真正的文章上。她认为要求文法正确，并不会压制学生的创意，重视标准英语，也不是轻视少数族裔学生的母文化：**“对于非裔或其他少数族裔学生来说，英语技能是必要的，但他们在这方面经常是不足的。学生需要基本的语言技能来打**

① 丽莎·德尔皮：*Other People's Children: Cultural Conflict in the Classroom*，暂译《别人的孩子：教室里的文化冲突》，纽约：新出版2006年版。

开学习的大门，他们也需要能够在这扇门内，进行批判性的、有创意的、有意义的、自由的思考。毫无疑问的，一个有语言技能但却不能独立思考的弱势族群人士，很容易变成一个听话的、能被主流社会所用的工具人，仅是整个国家机器上的一点润滑油，帮助这个机器运作得更顺畅。另一方面，一个能够独立思考却没有语言技能的人，会被主流社会排除在外，困守社会经济地位的最底层。是的，如果少数族裔或弱势学生要做出改变、真正促成阶级流动，他们一定要既具备主流语言的技能，又能独立而有创意地思考。”

弱势生更需语文力

德尔皮与支持其主张的学者们，特别重视在少数族裔学生既有的基础之上，建立语文技能的重要性。这个教学法强调以下的教学原则：

- 学生既有的文化与语言，应该是他们通往更宽广的知识的跳板。
- 学生的方言或母语，应该被尊重，并且被当作教授标准英

文的工具。

• 基本的语文技能、拼字与文法，应该和阅读与写作同时学习，两者并重。

在《别人的孩子：教室里的文化冲突》一书中，德尔皮描述美国阿拉斯加州一位教师马莎·德米蒂夫（Martha Demientieff），如何面对阿萨巴斯卡原住民学生在读写学习上遇到的困难，很有参考价值。德米蒂夫指导学生观察标准英文与阿萨巴斯卡原住民语言之间的异同：

“学生讨论‘书本语言’与日常语言的不同：书本语言总是用很多字，但是在部落语言中，简短才是最好的。然后学生或两两一组，或组成小组，或独立作业，练习写一段学术性的文字，然后与教师讨论，看看他们的文章有没有‘够像一本书’。接下来，他们以自己的文章为基础，试着改写为几个精简的句子。最后，学生再练习把这几个句子精简成一段可以印在T恤上的口号。他们把最后的这句口号写在纸做的T恤上，把这些纸T恤挂满教室。有时候，学生也练习精简彼此的文章，把冗长的句子改写成简短的口号。就这样，经过反复的口语和写作

练习，学生慢慢学会部落语言和学术语言的异同。”

美国写作教学的全貌持续在改变。在80年代，当纽约州立大学教授亚瑟·阿普尔比（Arthur Applebee）进行美国的写作教育研究时，他发现学生普遍不常练习写作，练习的文体很少，写作的目的也很有局限性。很多写作课根本没有练习作文，多半是练习填空、造句，换句话说，跟19世纪的写字练习相比，有些人或许觉得这已经是进步了，但这种教学还是反映出一种对学生写作力的低期待，也没有帮助学生获得他们需要的写作能力与思考能力。不过，之后在1998年的美国国家教育评估报告中，看到了一些进步。当时，57%的教师以阅读与写作的协同练习以及写作过程导向教学，为语文教育的核心。另有51%的教师则是以写作过程教学及基本的拼字文法练习并重。只有极少数教师完全没有让学生练习作文。

资深英文教师盖尔·斯拉特科（Gail Slatko），就是一个成功结合两者的中学语文教师。她已于2017年退休，并接受佛罗里达州迈阿密的达德学区（Miami-Dade School District）聘请，目前专职训练新进英文教师。

多元策略教弱势生

美国国家英语学习与成就研究中心，曾以斯拉特科的课堂教学，作为成功克服各种困难的案例来研究。当时斯拉特科任教于鲁本·达里欧中学（Ruben Dario Middle school），学校位于一个犯罪率极高的区域。她的学生当中，百分之八十三为西语裔，百分之十二为非裔，百分之四是白人。全校有百分之十四的学生被评估为“英语能力不足”，过半数学生不以英语为母语。但国家英语学习与成就研究中心报告指出：**“这所中学表现优异，成功地服务了美国最弱势的一群学生。鲁本·达里欧中学学生，在标准测验中表现中上，在佛罗里达州写作评鉴的表现则超越多数学校。”**

斯拉特科采用多种策略，帮助她的学生成为更好的读者、作者、编辑。例如，她总是把拼字练习与读写练习结合在一起，但她也要求学生完成为加强字汇能力而设计的作业。她的班级自编一本“生活字典”，同学们把在书上、杂志上、报纸上看到的新字或难字搜集起来。练习照样造句时，斯拉特科不只是提供范例给学生，她要求学生分析自己造的句子，说明这个句子跟原句“照样”在哪里。她让八年级以上的学生用衣架、毛线、厚纸卡等材料，把学术水平测验教科书上的前缀与字根展示在教室里。她在教授文学概念与语言惯例时，也采用同样的方法。她让学生透过造词、押韵、写童书、讲故事等练习，来磨炼他们的拼字、文法与写作能力。斯拉特科退休前一年，她班上有五个学生的童书作品，入围达德郡博览会竞赛决选，其中一人获得首奖。现在，鲁本·达里欧中学仍延续斯拉特科所创造的做法，鼓励学生将作品寄去郡博览会参赛。斯拉特科的教学，让学生学会如何读、如何写，以及如何编辑、如何评价别人的写作。

在课堂上灵活运用多种教学法，斯拉特科的写作教学同时兼顾写作过程与拼字文法。她主要的教学策略是：

- **强调基本技能的练习**（例如生字本）**以及综合性的练习**（例如自编字典）**并行，让学生在练习读与写的同时，学习拼字、文法等技能。**
- **学生在教师示范下，学习编辑同学的作品。教师先公开示**

范如何编辑一篇文章，学生再交换作文，互相编辑。

- **让学生练习为真正的读者写作。每一篇作文完成以后，都要在班上发表，供同学公开讨论。**

斯拉特科并为有特殊需求的学生设计特别的课程。写作过程与拼字文法并重，她班上的每一个学生都有效学会了读和写。下一章将讨论更多有效的教学法，以及如何把读写教育应用在语文课以外的课程中——即所谓的“读写提升学习力”。

• • •

写作本身就是阅读教育重要的一环。学习阅读与学习写作，两者之间有一种“协同关系”，而因为这种协同关系，从孩子幼儿园起，就应该开始教他们写作。

• • •

第3章

阅读与写作，其实是学习的工具

来自爱达荷州的米卡·劳尔（Micah Lauer）是一位科学教师，任教于爱达荷州梅里迪安市（Meridian）的遗产中学（Heritage Middle School）。首次参加国家写作计划的教师领袖培训时，他已有九年教学经验。“教得久不等于教得好，我想成为一个好的教育家。”他说，“我觉得教师领袖培训计划可能是一条路。”

美国国家写作计划及其卫星站每年夏天固定举行教师培训，每次“夏季学院”为期一个月，以大班及小组方式交替进行。一个大班人数约二十人，分为四至五个小组，每小组由一名教师领袖带四至五名教师学员。

在教师领袖培训营的一天，通常是这样的：

9:00—9:30	学员集合，互相寒暄
9:30—10:00	或即席写作，或小组讨论，或大班朗读
10:00—10:30	教案示范：由一名教师示范自己的教案
10:00—10:45	休息
10:45—11:30	教案回馈：由全体教师提供当天示范教案的教师意见
11:30—12:00	写作练习与作品观摩
12:00—13:00	午餐与交流
13:00	再见

参加教师培训的教师学员利用部分上课时间写作，但也要利用下课后的个人时间完成作品，而上课时间主要是分享与交流的时间。培训营要求所有教师学员结训时至少要完成一篇作品，“完成”的标准是必须在地方报社或出版物上发表。

2013年的夏天，劳尔觉得自己处于一个教学生涯的十字路口，他以著名的刘易斯与克拉克远征来比喻：“就好像远征队站在密苏里与马里亚斯河的河口。”

1805年6月2日，这支远征队来到蒙大拿州中部，浊水的马里亚斯河与清水的密苏里河在此交汇。此时，远征队必须要做出一个决定：他们可以循他们熟悉的马里亚斯河，继续往北；或者沿密苏里河往南，展开未知的旅途。交叉的路，交叉的河，风险与惊喜，已知与未知，这就是旅途迷人之处。

在马里亚斯与密苏里河交口，刘易斯与克拉克做了一个计算。他们了解清澈的河水与圆润的石头是山泉的象征，这意味着如果他们沿着不熟悉的密苏里河前进，会更快到达目的地。劳尔也做了一个计算：他有两位参加过国家写作计划师资培训的同事，告诉他该计划设计以学生为出发点的课程、提供实用有效的教案、教师们互相倾听并给予建议。国家写作计划似乎是带领教师前往目的地的一条正确的路。身为科学教师，劳尔决定采取这个他不熟悉的途径：申请参加为语文教师设计的国家写作计划夏季课程。

科学教师学习写作

那个夏天，国家写作计划并没有令劳尔失望。他得到一段充实的时光，他的许多观念被挑战，无论是教学专业或是个人思想，都有所成长。这位科学教师开始为爱达荷州的一家报社撰写一个以教师立场为出发点的评论专栏，并取得国家写作计划的教师领袖资格。

开学后，他采取国家写作计划推动的“查找式教学”（Inquiry-based teaching），运用在国家写作计划师资培训时学到的点子，在科学课堂指导学生写更严谨的实验报告。他发现，学生为了写更严谨的实验报告，会更深入地提问，会更热心地追求问题的答案，并且更有逻辑地思考解决问题的方法。

小布什总统任内的教育政策“没有一个孩子落后”（No Child Left Behind）重视阅读远胜写作，遭到基层教育界诟病，奥巴马总统上任后推动教育改革，通过“共同核心教学标准”（Common Core Standards，详见本书第五章），复兴写作教育，要求中小学生在每个学年结束前，必须达到一定的写作标准。影响所及，很多教师主张应该让学生多读科学书籍，少读小说一类的文学书籍，避免分心，以利达到共同核心的写作标准。但劳尔在经过国家写作计划的洗礼之后，觉得这些同事没有体会到共同核心教学标准的用意。他认为让学生大量、广泛地阅读各类书籍，才更有利于达到写作标准。他说："阅读力与写作力，应该是一种跨科际的思考锻炼。"

劳尔在校园里组织志同道合的教师，不分科别，利用课后时间一起练习写作，分享教案。他的热情感染了许多同事，并获选为该校的年度教师。

2014年，劳尔获州政府提名杰出科学与数学教学总统奖（Presidential Awards for Excellence in Math and Science Teaching），获奥巴马总统接见。他并且因此得到州教育局的经费，领导一个全州数学及科学教师的在职训练计划。他把在国家写作计划学到的技能全部用上，他说："文学、数学、跨科际的教师一起研习、脑力激荡，是最棒的。"他并组织州内教师，一起去丹佛及费城写作计划参访。

"我常常想起2013年的夏天的十字路口，以及国家写作计划带给我的许多机会。"劳尔说，"我仍然不时犹豫，不确定我教学生涯的下一步将步向何方。我觉得国家写作计划就像一个指南针，指出一个服务教师及学生的正确的大方向。"

劳尔认为，科学教师也应该参加读写教育培训，因为，不论是对学生还是对教师来说，读写力是跨科际的思考锻炼。其实，早在90年代，就有研究证实，读写力的提升能够促进学生在各科目上的学习力。于是，美国教育界开始讨论，如何将写作教育应用到科学与数学上？读写教育如何支持各科目？以下便聚焦于写作教育强调的批判性思维与查找技巧，如何有助各科目的教学。

读写教育的经典研究

很多美国教育界对于读写教育的知识，包括教师如何教写作、学生如何学写作，都来自美国国家教育评估报告。至今最被广泛引用的报告，仍然是1998年的一个经典研究[①]，由美国教育部发表的国家写作教育评估报告。该报告探讨了四年级、八年级、十二年级学生的学业表现与其家庭及学校教育之间的关联。报告指出，读写表现超越同侪的学生，都会做这样的练习：

- **构思练习：八到十二年级，表现超过平均值的学生，至少每一周到两周就会被要求构思一篇新的文章。而表现低于平均值**

① https://nces.ed.gov/pubsearch/pubsinfo.asp?pubid=1999500。

的学生，一个月构思不到一篇新文章，或者几乎从来没有独立构思过一篇作文。

- 多版本草稿练习：八到十二年级，在作文课上被要求就同一个题目写多次草稿、反复练习的学生，作文程度较好。

国家写作教育评估报告同时指出，有两种课堂策略，最能帮助学生在写作上取得高成就：

- 师生讨论：教师以正面的态度，跟学生讨论其作文的内容，以及为何得到这样的分数。对八到十二年级的学生来说，这样的讨论影响尤其大。经常与教师讨论作文的学生，表现比很少或从来不跟教师讨论的学生好。

- 作品集：对四到十二年级的学生来说，作品集对提升作文程度有正面影响。学生把所有作品保存在一本合集里，可以看出自己的进步，也会愈写愈好。

国家写作教育评估报告的其他重点，包括强调写与读之间的协同性，以及在课堂上增加写作练习的长度与频率的重要性。

该报告也提出跨科际写作练习的价值。

2009年，美国教育部又重新做了一次写作教育评估报告。这次研究员针对十二年级的学生，调查他们多常练习写长篇的问答题。结果发现，愈常写长篇问答题的学生，在国家教育评估当中的阅读测验成绩愈好。在全体接受测试的学生中，每星期至少练习写一次长篇问答题者，平均阅读测验分数为294分。每个月练习写一到两次长篇问答题者，平均阅读测验分数为292分。每年练习写一到两次长篇问答题者，平均阅读测验分数为281分。从未练习写长篇问答题的学生，平均阅读测验分数只有261分。说明练习写得愈多，阅读能力就愈好。

这次的国家写作教育评估报告，也进一步证实，重视写作过程的教学策略，在早期读写教育中至为重要。经过分析，国家教育评估报告发现，综合多元写作技能、重视写作过程的教学，对于提升学生的作文成绩最有帮助。经常被要求进行综合性写作练习的学生,在国家教育评估当中的平均作文分数最高。那些在考试时也懂得打草稿的学生，平均作文分数也高。

作文其实是教思考

根据国家写作教育评估报告的定义，重视过程的写作教学，“把写作当做解决问题的手段”，教给学生多样的策略，包括怎样构思，怎样确定读者群，怎样计划一篇文章，怎样打草稿，怎样改写。这份报告再度援引经常被引用的小乔治·希洛克斯的研究，指出：**“较弱的写作者，只花一点点时间去计划。较强的写作者，则花较多时间去计划、构思。”“愈有技巧的写作者，愈注重文章的内容与组织。没有技巧的写作者，注意力则容易局限于文法与拼字的正确与否。愈好的写手，愈常使用长段的句子；他们花较长的时间去构思，但用较短的时间就能完成文章。”**

好的写手，不但会写，还会思考，所以写作力也是学生学习力的重要指标。国家评估报告恰恰反映出美国教育界正逐渐形成的一项共识：好的写手，也是好的学生，不但会写，还会学习。教师在教室里教作文，不但是教怎么写，更是教怎么学。

重视过程的写作教学策略，在全美各地的学校愈来愈普遍运用，不过，质疑实际教学质量良莠不齐的声音也持续出现。加拿大学者麦克尔·弗兰（Michael Fullan）就在《在变革的文化中做领导》①一书中质疑，为什么同样的教学策略，对有些学生就特别管用，对其他学生就不是那么有效？虽然国家写作教育评估报告提供了实用的资源以及指出了真正有效的教学策略，例如指导构思、改写、作品合集等，教师在教室里应用这些策略的方法却大异其趣，对学生造成的影响也大有不同。

有两个后续研究，对于教师在教学上如何具体帮助学生进行高质量的写作练习，提供更多证据。它们提出明确的描述，并对特定的、成功的课堂实例进行了分析。其中一项研究，由美国教育考试服务中心（Educational Testing Service，该中心一般以托福考试的主办机构为国人所熟知）及美国国家写作计划合作，研究怎样的作业能有效提升写作力。另一个研究，由美国教育发展学院（Academy for Educational Development）进行，研究美国五个州的国家写作计划教师领

① 麦克尔·弗兰：*Leading in a Culture of Change*，暂译《在变革的文化中做领导》，新泽西：Jiey-Bass出版社2007年版。

袖在三到四年级课堂上的实作。

好作业提升写作力

对教师来说，课程的一个重要面向就是作业的质量。出怎样的作业，才能有效提升写作力呢？美国教育考试服务中心暨美国国家写作计划，合作研究分析了35个四年级班级的作文习作，以及26个八年级班级的作文习作，原始数据取自国家写作教育评估报告。根据国家教育评估报告，这些作业都至少成功提升了三分之二学生的作文程度。这份报告访谈教师以了解他们对学生作文的评论，也访问学生对作业的看法，并将两者的结果综合分析，结果发现，有效的作文习作，能鼓励学生构思、起草、改写、编辑自己的作品，而不只是套用作文公式。成功的作文习题，应该考虑到以下四个元素：

一、设计更有效的写作作业：对学习有帮助的写作作业，不会仅要求学生写下他们读过的书或经历过的事，而是让学生有机会从事一系列的认知加工，例如反思、分析、组合。在这个过程中，学生必须把他们从一堆书中或经验中得到的讯息与题材，重新组合，完成一篇完整的新作文。例如，成功的作业会让学生读一篇故事，然后比较其中两个角色的动机。学生要从原故事中选择有用的讯息，然后加以分析，找出两个角色的动机。相较之下，一个只要求学生读一篇故事，然后描述其中一个角色的作业，就比较弱，不能激发学生思考，因为学生只要从原故事中找出关于其中一个角色的描述，然后在自己的作文里复述一遍就好了。

二、提供发展文章的具体引导：一份有利学习的写作作业，会给学生一个骨架来发展新的点子，以及有组织的指示，来帮助他们分析并归类作文的题材。一般作文题目，常见的缺点，包括没有指示写作的方向，以及没有给出一个恰当的骨架。以典型的四年级作文题目《我的房间》为例，就没有给学生任何写作方向上的指引。美国教育考试服务中心暨美国国家写作计划的联合研究，对此提出建议，这样一个作文题目，可以这样改善：**“为一个没见过你房间的同学，描述一 下你的房间。你的描述当中，应该包括足够的细节，这样当你的同学读到你的作文时，他可以想象出你喜欢什么、你的兴趣是什么、什么东**

西对你最重要。事实上，从阅读与描述中，一个熟悉你的同学，应该可以猜到这篇文章写的是你的房间。作文完成以后，会贴在教室后面让全班同学看，并让大家猜猜这是谁的作文、在写谁的房间。”

三、设定目标读者，用文字与读者沟通：写作的第一课不是拼字与文法，也不是起承转合，而是认识读者。一份有效的写作作业，不只是让学生为“假想的”读者写作，更要给学生机会，与真实存在的读者沟通。很多时候，学生的作文只是写给教师看，这样对提升写作力就不是很有帮助。比较有帮助的做法，举例来说，可以让学生先决定一件自己专长的事情（例如钓鱼、搜集棒球卡等），然后针对没有这方面专长的读者，写一篇文章介绍这件事，写写自己在这方面的经验、知识、观点等。

四、题材关联和选择：一份好的写作作业，应当避免给学生太多选择，但也不能不给学生任何选择。适当限制学生选择题材的范围，可以帮助学生构思。例如，四年级作文题目，可以这样出：**“访问家中一位长辈，然后用几个段落写出访谈结**

果。其中要包括受访者的童年、青年时代以及成年后的经历。并且要写出受访者在这三个年龄阶段的日常一天的生活。”

领袖教师的课堂

美国教育发展学院自2002年起，进行一个针对国家写作计划教师领袖实际课堂教学的研究，研究针对位于密西西比、俄克拉荷马、宾州、肯塔基、加州等5个州、35个三到四年级的课堂。这个研究进行了三年，搜集了关于学生作文程度如何进步的数据，分析哪些条件能支撑学生的写作成就，以及学生在这些课堂上得到了哪些成果。

研究对象，包括都市的、郊区的、偏乡的公立学校，取样学生共763人。在四分之三被研究的学校当中，有过半数的学生有资格领取减价或免费营养午餐，这是美国判断低收入家庭的标准，说明有多少学生来自低收入家庭。美国教育学院的报告指出，国家写作计划教师的课堂策略如下：

在写作练习的时间方面，国家写作计划的教师，比美国多数四年级教师花更多时间指导学生写作。约百分之三十八的国家写作计划教师，每星期花至少九十分钟让学生练习写作。

在写作的范围方面，国家写作计划教师主持的课堂上，写作的广度很大。在美国教育发展学院分析的45份写作作业当中，有18份是说明文，10份是关于个人或家庭的叙述文，8份是创意写作，5份是诗作练习，4份是论说文。

在写作的策略方面，对于国家写作计划教师所指导的学生来说，写作是一项持续的、每天不间断的练习。多数作业都使用了以下写作过程策略：分组讨论、互相编辑、多版本草稿写作以及师生讨论。一位受访的四年级教师表示："我整天都用到写作——写作几乎是任何教学的一部分。学生以写作来解释、用写作来整合他们在不同科目学到的内容……我自己也经常练习写作。"

美国教育学院的报告，将"真正需要用脑的写作作业"，定义为"以原创方式，应用知识与技能，而非重复套用写作公式"。这份报告很重视教师设计作文命题时是否顾及这一点。研究显示，教师的命题若能刺激学生思考，这些学生在正式写作测验中的成绩都比较好。一如成人每天在职场中，遇到问题时，必须透过思考寻求解决方案；真正需要用脑的写作作业，能够帮助学生成为有批判能力、懂得分析的思想者，让他们离开校园后能够顺利步入职场。写作作业的用意，是要求学生在他们既有的知识基础上，去分析、组合、演绎。

美国教育学院报告，引用了两份国家写作计划种子教师的四年级课堂作业，作为“真正需要用脑的作业”的范例。第一份作业，是让学生展现他们对所阅读的内容（故事线和角色发展）的了解程度。第二份作业，学生要写一篇说明文，讲解什么是科学实验中的“状态变化”。美国教育学院报告指出，第二份作业不但要求学生对科学知识有充分了解，而且要求他们大量运用分析、组合、演绎等写作技巧，是成功的跨科际写作练习范例。授课教师描述这两份作业内容如下：

［作业一］

我们在课堂上读经典儿童文学《夏绿蒂的网》。我要学生想象他们自己是作者，重写最后一章，给这个故事一个新的结局。完成的作文应该要有清楚的故事线，而且角色的性格、故事背景都要符合前章的叙述。我并鼓励他们尽量在故事中使用对话，因为我们正在练习引号的使用。

[作业二]

我们的科学课花了两个月的时间研究物质的状态变化。五个月后，我给全班学生这个作业：有个学生有三杯水，她把第一杯水倒进一个浅派盘里，第二杯水留在玻璃杯里，第三杯水倒进一个深量筒里。她把这三个容器放在架子上，然后计算容器变空所需的天数。结果如下：

- 浅派盘里的水在四天后全部消失了。
- 玻璃杯里的水在十四天后全部消失。
- 深量筒里的水在一百六十天后才消失。

请讨论这些水发生了什么变化。这个学生想要透过实验学习什么？是什么原因造成上述的结果？

这些实例显示，写作可以应用在不同程度、不同科目的学习。

写作是跨学科工具

读写不只是读与写，而是学习的重要工具。读写力不只是读与写的能力，而且是学习力的重要指标。促进写作教育，在学校或整个学区被应用于不同科目的教学，教师领袖和学区教育官员，都可以扮演重要的角色。美国教育学院研究特别指出，国家写作计划的种子教师在各科目都能进行写作教学，他们不把作文当做一个独立的科目，而是可以在所有科目教授、进行跨科际整合的基本工具。

跨科际写作策略，是所有国家写作计划种子教师具备的标准技能。数学教师会让学生写日志，学生可以在日志中总结他们今天学到了哪些观念，他们也会在日志中比较一道习题的不同解法。科学日志则可以让学生预测实验的结果，记录他们的观察和结论，或练习从科学家的观点来做一段论述。社会课，则让学生访问家人、写传记、新闻稿，或是模拟历史课学到的历史人物的口吻，写一段自述。这些教学操作显示，跨科际的写作练习，可以作为让学生熟悉教学内容的手段，并可以用两种方法来实施：让他们把所学用严谨的写作表现出来（科学报告、商业计划、历史研究……），或者让他们用轻松的方式来记录自己的心得（日志、笔记……）。

以下的案例研究，可以说明针对特定内容的写作练习，如何提高表达力、加强学习效果。这是一个高中生物课的表达式写作案例研究，时间是1981年，但迄今仍然是教育界经常引用的重要研究，对于了解写作如何帮助学习仍然很有帮助。

罗伯特·蒂尔尼（Robert Tierney）是一名生物教师，当时任教于加州费利蒙市（Fremont）的尔文顿高中（Irvington High School）。他相信写作可以成为一个有力的学习工具。但当时他的许多同事则认为，写作会占用教学时间，是一种浪费。有这么多内容、这么多知识要教，学生还要进行科学实验，不能只读课本、写报告。多数科学课上的写作仅限于数据报告，科学课的考试也多以选择题为主。

蒂尔尼是湾区写作计划第一批教师领袖中的一员，他相信各科目一定都有让学生练习“表达式写作”的空间。他在《用表达式写作来教生物》（*Using Expression Writing to Teach Biology*）一文中写道：**“很多生物教师都不了解以作文作为教学工具的潜力，因为他们不熟悉过程导向的写作法。另一方面，当代生物教学，要求学生亲身体验、查找、思考问题。表达式**

写作就是一种思考问题的方式。学生自由地在纸上表达他们的想法，不必担心教师会怎么评价他们。表达式写作，可以在生物课堂提供学生必要的自由查找经验，这是所有科学研究方法的本质。”

表达式写作，可以用许多种形式来进行。蒂尔尼建议让学生用日常对话的语言，来表达初步思考一个问题时会产生的想法。他想知道，这样的写作练习，会对学生在学习生物上有什么影响，因此他进行了一个研究来验证这个问题。

蒂尔尼与他的同事哈利·斯托基（Harry Stookey）一起，将尔文顿高中的十到十二年级共136个学生，分为实验组与对照组。两组学生都在同一时间学习同一个主题，做同样的实验，两组学生的授课教师也都一样，但是他们被指定做不同的作业。

实验组的学生平日要写读书日志、学习日志，练习写小论文，小论文的读者设定为教师以外没有生物知识的大众，期末时必须写一份总结报告，经常进行小组讨论，考试用问答题进行。对照组的学生不用写日志、不用写小论文，只要写实验报告，实验报告的读者就是教师，没有期末报告，很少进行小组讨论，考试则用复选题进行。

为了评量两组学生的表现，教师选了两个单元做测试，上学期考基因，下学期考种子植物。每个单元都进行三次考试：一次前测（在授课前进行），一次后测（在授课后立刻进行），一次复习考（在授课后三至十六周进行）。所有测验都用复选题进行。虽然两组学生在前测及后测中的表现都相当，但在复习考中的表现则有显著差异：实验组的学生明显分数较高。在授课后三周进行的复习考，实验组的分数平均比对照组高5分（满分为100分），授课后十六周的考试，实验组平均分数比对照组高11分。蒂尔尼和斯托基的结论是，有机会使用表达式写作来学习的学生，更能记住他们所学，并且，他们相信这些学生对科目学习得更透彻，报告内容更有趣，也反映出对课程内容真正的理解。这个小研究显示，表达式写作，这种常见的过程导向写作法，能有效帮助加强学生记忆内容庞大的科学课程。

写作增进查找技能

蒂尔尼的研究与中学教育之间的关联特别显著，因为从中学开始，教学科目变得有专门性，而且教学内容也变得庞大。正如小乔治·希洛克斯在《以写作为反思过程的教学》一书中指出的：**“在写作教育悠久的历史上，我们始终假设，写作的内容会在其他地方被照顾到。”**蒂尔尼的研究显示，表达式的、非正式的写作练习，可以增进学习记忆。但学习不只是记忆。不论是负责什么内容范围或专科，所有教师都可以运用写作来帮助学生记忆，也帮助学生反思，对教学内容进行批判性思考。

希洛克斯主张，教师要做的不只是讲课而已，而且要更常利用写作，让学生学会基本的查找技能。这种技能，是批判性思考的核心，不论是在学术上、专业上，或在学生未来进入真实社会后，都是很关键的。这就是查找式的写作。它包括了运用既有的知识、提出问题、建立并检验假说、做出并验证推论，这些是原创力、想象力与洞察力的基础。

希洛克斯指出，教师可以通过各种角色扮演的教学方式，激发学生的想象力，例如从多元的观点来辩论，假造出不同的角色，想象他们在各种的情况下会有什么行动；或是设想一个文学作品角色的观点……他举肯塔基州杰佛逊郡的写作教学专家艾伦·刘易斯（Ellen Lewis）所设计的课程为例，说明如何让学生利用小说写作，来练习发掘、查找的能力。

刘易斯设计了一系列建立基础查找技能的课程，以小故事写作，作为教学工具。根据中学生需要具备的写作技能为顺序，这系列课程带领学生：寻找故事灵感，整理灵感，设计角色，将故事依场景分段，打草稿，写引人的序言……描写动作，使用对话来使故事更生动，正确利用标点让对话更清楚易懂。从寻找灵感开始，接下来所有的写作，都可以围绕着这个灵感来发展。这系列的写作课程，逐步要求学生运用更多他们在写作过程中找到的题材。重点是，这系列的课程不只是运用一般的写作过程，而是更注重细节，让学生体会细节描写在写作中的作用，如何使用适合的对话、导言等，使内容得到更充分的阐释，并创造一个引人的故事。希洛克斯在《考试的陷阱》[1]一

① 小乔治·希洛克斯：*The Testing Trap*，《考试的陷讲》，纽约：师范学院出版部2002年版。

书中写道：**“我非常期待所有教师都开始在作文教学中，使用这种深入分析的方法。”**

他更主张，写作是评量学习成果最好的方式：**“教师都明白，写作是衡量高阶概念化、分析、应用、综合与论证的手段。好的论文，不是靠记忆教科书上的材料或老师上课的笔记而来，而需要综合许多第一手资料，表现出对题目真正的理解。”**

写作是语文科的任务？当然不对！各科都可以让学生通过写作来学习。知名剧作家杰瑞·赫尔曼（Jerry Herman）与作家威廉·金瑟（William Zinsser）曾有一段关于写作的对谈。赫尔曼是这样说的：“终于有人想出一个聪明的方法，来做我们在三年级时所做的事情。然而，跨科际写作却在高中和大学时才初次被介绍给学生，好像这是什么全新的东西。学生可以写关于历史的文章，写关于地理的文章，社会科学的文章，经济学的文章，物理学的文章，甚至数学的文章。并非每一篇文章都必须正式、完整、正确，好像准备要在学术期刊发表一样。通过写作，学生可以探索概念，发现联结，构想思路。用写作来学习！为什么没有人早些想到这一点呢？”

所有教师都可以运用写作来帮助学生记忆，也帮助学生反思、对教学内容进行批判性思考。

用写作来学习！为什么没有人早些想到这一点呢？

第4章

数理老师，

也要卷起袖子教读写

现今美国很多学区、很多学校，基于对教学的高标准与期待，不但要求所有的教学计划及课堂活动，都要对学生有持久的影响力，而且也希望教师持续进修，提供有研究证据支持、能真正有效提升学生学业表现的教学策略。

国家写作计划的宗旨，就是鼓励教师先成长，再把学生带起来。在贫穷、学生背景多元的地区，教师培力与增能的影响尤其显著。密西西比州高中的年轻英文教师悉尼·麦家哈（Sydney McGaha），就亲身体会到教师培育如何改变贫穷地区的教室。

麦家哈任教于密西西比州庞托托克高中（Pontotoc High School），该校位于庞托托克郡，全校只有620名学生，百分之九十九的学生来自贫穷家庭，有资格领取州政府提供的免费营养午餐。

麦家哈热爱文学，对教学很有热诚，她尽量在课堂上引导学生参与讨论，但学生反应冷淡，常令她感到力不从心。贫穷地区的孩子，有太多课堂外的事要担心，导致他们无法专心学业。跟其他贫穷地区的学校一样，庞托托克的学生学业成就很差，而教师通常把此地当做跳板，教一两年书就转到大城市的学校去。

任教三年后，麦家哈参加了密西西比写作计划的大学预备写作课程教师培育，与其他教师交换教学策略，渐渐看到自己的成长。

在教师培育课程之后，麦家哈变得有信心，培育课程提供很多教案与教材，她可以直接带进高中课堂里使用。[①]她举例说："我让学生读经典的《罗密欧与朱丽叶》，让他们讨论青少年的思考模式如何导致这场悲剧发生。有学生说：'罗密欧太冲动，他一定是看太多电视了。'当然那个时代是没有电视的，

① http://lead.nwp.org/。

但是我借此让学生讨论电视与文学的不同，现在热门的真人实境秀对我们的思考可能造成的影响，如果罗密欧与朱丽叶生在现代，事情会不会更糟？”

就算是成绩最差的学生，一旦发现自己可以参与课堂的讨论，并发现教师会认真聆听自己的意见，就会变得兴致勃勃。麦家哈把国家写作计划提供的每一个教案都用上了，并且自己设计新的教案，与其他教师交换讨论：“现在我能够更具体地思考，如何指导学生阅读与写作。”

麦家哈认为，国家写作计划，不但提供很好的教师培育课程，通过参加课程认识其他的教师，建立起教师之间的人际互动网，也很有帮助：“持续与其他教师联系、讨论，我的教学计划也能不断推陈出新。”

“我变得很有信心。”麦家哈说，“最重要的是，我觉得自己与全国各地志同道合的教师紧密联系，不再困守在一个贫穷地方的小学校。”

在职师培与时俱进

有效的在职教师培育，需要大量的时间与资源，才能落地生根。在职教师培育有各种形式，或针对特定的课程目标，或广泛优化教师素养。美国的中小学教师培育计划经常长达一至三年，订有多个短程及长程目标。玛丽莲·比萨尔（Marilyn Bizar）、哈维·丹尼尔斯（Harvey Daniels）、史帝文·泽梅尔曼（Steven Zemelman）等三位学者合著的《反思高中教育：行动中的最佳实践》[①]一书指出，有充分的研究显示，教师培力与增能，在教学改革及建立支持学习的校园文化两方面，都是重要的因素。斯坦福大学中学教学背景研究中心（Research on the Context of Secondary Teaching）研究指出，教师团体能最有效参与制定教育政策，在教育改革上发挥最大的影响力。领导该研究的斯坦福大学教育学院教授米尔贝瑞·麦克劳克林（Milbrey McLaughlin）及研究学者琼安·塔尔伯特（Joan

① 玛丽莲·比萨尔、哈维·丹尼尔斯、史帝文·泽梅尔曼：*Rethinking High School: Best Practice in Action*，暂译《反思高中教育：行动中的最佳实践》，新罕布什尔州：海尼曼出版社2000年版。

Talbert）表示，这些教育界的网络能够成功，正因为它们提供教师一个“持续学习和精进专业的环境”。她们主张，教育系统改革，不能经由传统的教师研习模式来完成：“传统的教师研习和当今的教学环境已经脱节了。通往教育改革之路的核心，是真正产生知识，制定新的教学模式，以及支持教师反思、考察、实验、改变的教师专业团体及学习团体。

她们的研究报告写道：**“只要给予机会，教师可以持续学习，使他们的教学观念及实践产生显著改变。没有什么比这些改变对都会中的学校更重要了。在今天的学校里，学生有各种不同的需求，教师持续受到挑战。”**

有一个经常被引用的、全学区改革的成功案例，就是纽约市第二学区。该学区被誉为“美国表现最好的都会地区学区之一”。在全国标准阅读测验中，这个学区排名最后四分之一的学生，只占全体学生人数不到百分之十二。但在多数都会地区学区，排名最后四分之一的学生，占全体学生数达百分之四十。（作者按：在美国，高收入、高学历人口多聚居郊区，因此郊区学校学业表现也比较好；都会地区学生则多来自贫穷或弱势家庭，因此都会学区在教学上也面临较大挑战。)

这个学区改革的关键是1987到1995年。当教育家安东尼·阿尔瓦拉多（Anthony Alvarado）于1987年上任该区督学时，该学区在纽约州32个学区当中，阅读评比排名第十，数学评比排名第四。到了1996年，该学区两项排名都跃升至全州第二，往后二十年，这个学区始终维持这样的排名，迄今不坠。这是一个学生种族、社会经济背景高度多元的学区，约百分之五十的学生来自低收入家庭。阿尔瓦拉多的方针就是强调教师进修，并以此作为改革教学系统的利器。美国全国教学委员会（National Commission on Teaching and Learning）1997年报告分析，阿尔瓦拉多的改革策略包含七个原则：

一、一切都是为了教学改革，而且只为了教学改革。

二、认识到教学改革是一个漫长的、多阶段的过程。

三、分享专业知识、驱动教学改革。

四、焦点放在整个系统的改善。

五、好主意来自有才之士的共同合作。

六、订定明确的目标，然后分散执行。

七、鼓励教师彼此合作、关怀、尊重。

精进教学专业是王道

想要提升读写教育质量与成效，最关键的就是教师培力与增能。阿尔瓦拉多为纽约公立学校老师发起的进修方案就是一个好例子，充分说明好的在职进修能造成什么影响。这也与国家写作计划的标准模式“教师训练教师”不谋而合。

为什么要靠教师进修来提升读写教育的质量？美国全国小学校长协会（National Association of Elementary School Principals）指南指出，教师在其本科目方面的知识充足，也会持续接触相关最新研究与教材，对于提升学生表现，是必不可少的。

有三十年教学经验的纽约公立学校校长雪莱·哈维恩（Shelley Harwayne）曾在其著作《走向公众》[1]中写道：**“学校需要被考虑成一个能让教师过学术生活的地方。我不能想象，如果学校不认真看待教师的教学，如何能提供学生高质量**

① 雪莱·哈维恩：*Going Public*，暂译《走向公众》，新罕布什尔州：海尼曼出版社1999年版。

的教育……当教师从他们的专业领域中获得乐趣时，他们的学生就能从中获益。你会去看一个知识、技术不与时俱进的医生吗？在这方面，教师和医生是一样的。”

全国教学委员会报告更明确指出，教师是否专业，是影响学生是否成功最重大的因素。报告引用多项研究，显示教师是否合格，比学生原生家庭社会经济背景对学习的影响更大。

这些发现提出了一个核心问题：教学的质量，如何影响学生的读写力？好消息是，愈来愈多公立大学提供写作教学的课程。美国国家教师教育与认证理事会（National Association of State Directors of Teacher Education and Certification）指出，美国多数州目前都在教师资格考中加入作文考试。各州对教师写作能力都有或多或少的要求。有些州，例如佛蒙特州，期待所有教师都具备专业的写作知识，并且有能力教授不同文体的写作。但是，各州对于阅读及写作在课程及教师能力方面的要求，差异很大。全国英语教师委员会干部桑德拉·吉布斯（Sandra Gibbs）指出，很少州要求作文教师要特别进修或是通过认证。目前，只有密苏里、特拉华、爱达荷等三州特别要求教师要通过某些语文认证，但研究又显示，读写能力是一体的，这两者最好同时被教授与学习。

为教师进行写作方面的增能，不仅能提升教师本身的读写能力及语文素养，也能促进学生在各方面的学习能力。教师培育的必要性有三点。首先，正如塔妮亚·贝克在本书第一章中所指出，写作教学是很复杂的，因为要满足各级学生在教室里各种不同的需求。写作不是一门可以在一学期或一学年中习得的“科目”，而是需要几年，甚至十几年，在整个求学生涯中持续精进的一种技能，因为随着学生进入更高深的学术领域，他们也需要更高阶的写作能力。

其次，在美国各级学校教室里，愈来愈多元化的学生人口组成，是另一个教师必须持续进修、研发教材、创新教学策略的原因。而且不只是英文教师才需要学习这些。将写作视为跨科际学习工具的教学应用愈来愈普遍，每个领域的教师都有责任将写作融入课堂中。没有重视、了解、实践写作教学的教师，就无法教育出懂得沟通的专业人士。

最后，教师需要在写作方面的专业进修，因为建立一个成功的写作教学计划是需要时间的。如前章所述，唐纳德·格雷夫斯研究了缅因州十二个有高水准表现的学区，没有一个是在一夕间成功的。

教师增能因校制宜

哥伦比亚大学教育、学校及教学重组中心（Center for Restructuring Education，Schools and Teachings）的一项研究，比较了纽约市一所传统高中以及两所实验高中教师每周花在进修上的时间。在实验高中，教师每周有六到七小时的时间，花在规划及研习上。在传统高中，每周只有四十五分钟时间花在这些进修活动上。

由全美各地教职员组成、以提供会员进修机会为宗旨的美国国家教职员发展理事会（National Staff Development Council），敦促各级学校教师，至少有百分之二十五的在校时间，应该用于“充电”，包括精进自身专业能力，以及与同事聚在一起脑力激荡。全国小学校长协会也指出，理想的情况下，学校百分之五至十的预算，应该用于提供教师在职进修。

教师培力与增能计划及课程，应该要符合个别学校的需求，才能达到效益、产生改变。以纽约市第二学区为例，位于华府的教改机构艾伯特·舒克学会（Albert Shanker Institute）报告指出，阿尔瓦拉多使用了多种模式，来推动教师进步。

一、专业发展计划：首先，学区职员参考各校校长、主任、计划主持人的意见，选出有经验的绩优教师。然后，每位绩优教师接受一小组教师到他的课堂上进行观摩。每位观摩教师花三个星期时间，到绩优教师的课堂上进行密集观摩，然后在指导下进行实习教学。三个星期过后，观摩教师仍可就教学上遇到的困难，不定期向绩优教师咨询。

二、教学咨询服务：让教师或以小组或一对一方式与顾问对谈，顾问可能是学区向外聘请的专家，或是学区内的资深绩优教师。阿尔瓦拉多聘请的第一位顾问，是哥伦比亚大学教育学院的读写教育专家露西·卡尔金斯（Lucy Calkins）。后来这个咨询服务规模日渐扩大，帮助许多教师建立了写作教学技能，并推动读写教育在各科目上的应用。舒克学会报告形容这个服务非常“劳力密集”，须依赖顾问与教师广泛、密切的接触，围绕特定的教学问题，做多次的讨论，才能有成效。报告认为，这个模式的成功，也说明教师的专业发展计划，必须长期致力于一个特定的目标，才能有所成效，而不应该经常改变目标。

三、互访及同侪团体：互访模式是将教师聚在一起，互相示范好的教学方式。同校或不同校的教师，借由互相访问，建立起一个同侪团体，让教师群感觉大家是同一个专业团体的一分子，也激发他们对教学的热忱，一起实验、反思、改变教学习惯。

四、研修机会：第二学区每个学年都投资许多经费在教师暑期研修。自1995年起，暑期研修课程都包括小学教师的数学教学研习，中学教师的语文教学研习，以及为资深教师设计的进阶语文教学研习，另有讨论标准测验的课程。开学后，学区一定会追踪参加研习的教师，注意他们教学的成果。第二学区的一位行政人员说：“除非在我们开学后有资源继续直接支持、帮助教师们，否则夏季学院没有任何意义。”在教室里进行大规模的教学变革，一定要得到来自校方的支持。第二学区认为，这种暑期训练，是对几个教学内容项目进行持续的投资，能对全区的教师有累积影响力。这种“教师的夏季学院”，是美国很多学区目前都采用的模式。

教师培力可以小单位进行，由学校自己训练自己的教师。也可以采取教职员会议、周末进修会等方式进行，专注研究个别的题目或策略，或由小组方式进行，讨论当前的语文及读写教育研究。不论采用什么形式，这些会议或小组，都应该是学校整体教职员进修计划的一部分，有前瞻性的目标，能推动全校性的创新教学文化。

校内社群研讨教学

哈维恩在阿尔瓦拉多任督学期间，担任纽约第二学区一所学校的校长，并在阿尔瓦拉多卸任后接任督学一职，她在《童年的写作：重新思考过程与成果》[1]一书中，举出下列以读写教育为中心的活动，可以在每周的教职员会议中进行，让教师

① 雪莱·哈维恩：*Writing Through Childhood: Rethinking Process and Products*，暂译《童年的写作：重新思考过程与成果》。新罕布什尔州：海尼曼出版社1999年版。

持续学习。

- 研读并讨论相关的专业文献。
- 观摩其他教师教学的影片。
- 邀请学生代表参与教职员会议，听取学生意见。
- 教师们之间互相观摩并发表感想，或者跨班级合作举行“写作坊”教学活动。
- 研究文学名家的作品，从中得到灵感。
- 脑力激荡思考新的教学策略，并讨论如何将之运用到课堂上。
- 用投影机播放学生的优秀作品让教师们看，并思考这样的作品是怎么产生的。
- 研读优良儿童及青少年读物，并考虑如何将之介绍给学生。
- 上课之前，同事之间先演练一遍教案。
- 拜访其他学校，参与相关研讨会，互相分享心得及笔记。
- 邀请学有专精的专家来演讲。
- 把用在孩子们身上的教学法用在大人身上试试看，作为检讨改进的依据。
- 合作开设新课程的教学计划。

• 有新的学习课程、教学工具、课堂惯例时，提出来听听其他教师的意见。

哈维恩并在书中详述纽约一所公立小学——曼哈顿新校（Manhattan New School）的教师研讨会如何进行：**“教师们轮流以投影机展示学生在课堂上的作品，每周展示一篇高年级的作品、一篇低年级的作品，所有教师一起讨论这两篇作品的优点。然后，根据指导教师对这位学生学习情况的描述，所有教师一起想想怎么样可以帮助这位学生，提高学生写作的质量。下一次聚会的时候，上次做报告的教师会回报他指导这位学生的后续成果，以及同事们的建议效果如何。”**

提到教师培力与增能，必定要谈美国国家写作计划经典的“教师辅导教师”模式。

自1974年起，美国国家写作计划专注提升写作教育质量四十年，推广以教师专业及教师网络为重心的进修模式，针对中小学教师在教学上遇到的实际问题，协助教师改进教学方法。直到今天，美国国家写作计划的夏季学院，仍然是美国规模最大的语文教师进修课程，中小学教师、行政管理人员甚至大学教师，都在此精进自己的写作力与教学力。教育政策研究家凯瑟琳·诺兰（Katherine Nolan）观察到："大学很少明确要求学生需要具备哪些知识与能力，才能成为成功的写手。教师养成教育、学校、学区也没有明白地说出他们希望新进教师具备哪些教写作的能力。美国国家写作计划，大概是唯一一个提出并设法解决这些问题的全国性机构。"

美国国家写作计划，是一个以提升读写教育为宗旨的组织，也是一个专业教师网络，设在各大专院校里的卫星站，共有185个，遍布全美50州、华盛顿特区、波多黎各、美属维京群岛。2015年，美国国家写作计划通过这些卫星站，训练了3000名新进教师领袖，提供了八万堂课程，直接影响了140万中小学生。美国国家写作计划的写作坊受到教师欢迎，因为都是由教学水平高超、经验丰富的资深教师所领导。

绩优教师培训教师

多位接受本书访谈的校长指出，很多教师不信任没有实际课堂经验的所谓教育专家，至少要有一两年的课堂经验，才能得到其他教师的认同，这也是毫无教学经验的现任美国教育部长贝特西·德沃斯（Betsy Devos）不被基层教育界信服的主要原因。美国国家写作计划创办人詹姆士·格雷（James Gray）曾说："我们相信，如果要使学校改革有效可行，在职训练一定要由有第一手经验的人士来领导。"

有一个针对国家写作计划卫星站的研究，由卡内基教学促进基金会（Carnegie Foundation for the Advancement of Teaching）资深学者安·列格曼（Ann Liegerman）、南缅因州立大学副教授黛安·伍德（Diane R. Wood）共同主持，她们认为国家写作计划促进教师培力的主要手段，就是建立起独特的社交网络："既激励教师，让教师进修无障碍，建立持续发展的专业社团，又组织并维持这些社团之间的关系，且创造新的、令人振奋的教师支持、沟通、领袖系统。"

美国国家写作计划相信每位教师都是专业人士，有独特的知识能与其他教师分享。参访国家写作计划师资培力工作坊时，绝不会看到一群被动的听讲者，而会看到有经验的讲者，通常是绩优写作教师，被邀请到国家写作计划的卫星站做示范教学，而其他教师也被鼓励分享自己的教学经验。教师们还会练习模拟教学，实际测试各种教学法的效果。

国家写作计划进行教师培力，对所有教师的最终期待是：所有语文教师都必须能写，都应该实际去从事写作练习。教师自己要能做到他们要求学生做的事，有效的作文课只能由真正会写作的教师来授课。关于这一点，在本书第六章会有更详细的描述。詹姆士·格雷在暑期教师培训课程中，常常听到参与者说："在今年夏天以前，我'以为'自己知道怎么调整教学方针。现在我才'真正'知道怎么调整教学方针。"

正如前章引用的美国国家教育评估报告所述，美国国家写作计划的教师培力模式，明显提升了美国学校写作教育的质量。学者乔艾伦·基利昂（Joellen Killion）在美国国家教职员发展理事会研究报告中指出：**"研究显示，国家写作计划对学生表现与行为的影响是巨大的。在多个使用对照组的实验中，学生表现都证实国家写作计划带来学生成就的提升……国家写作计划，为那些希望提升教学质量、提高学生表现的教师们，提供高效的培力。作为一个历史悠久、持续严谨进化的组织，国**

家写作计划树立了一个由教师驱动、聚焦教师培力的良好模式，并能调整以满足不同学校或学区的需求。”

能提升教学质量的教师培力，当然不是靠一个下午的课程就能完成的。塔妮亚·贝克说：“我们了解，如果要让作文教师有效地向同侪学习，就要让他们参加深入的课程，课程内容要包括让他们在课堂上实际尝试所学，并互相分享教学经验。”

国家写作计划的教师培力，推动这样的培力模式：由一位教师顾问来判断一群教师的具体需求，规划一系列的多堂课程，然后找到能够开课的大专院校。课程聚焦在优秀的教学，及其带来的益处。参与国家写作计划培力的教师，很多都成为研究者，在自己的课堂上深入实验各种教学法，进行行动研究。参与教师培力的职员也很多，尤其是校长，他们发现这样得来的知识、分享的经验，可以大大提高教职员对实际教学的认识。国家写作计划也强烈支持教师进行教学研究。

但是在强调志愿参与、教师专长、扩大课程、教师研究以外，还有一项元素，是国家写作计划的在职训练模式必不可少的，那就是坚定支持读写教育的学校行政单位。

行政支持是成功关键

学校当局须体认教师是所有教学改革的关键，更好的教学、持续学习写作，是成功的钥匙。格雷在其回忆录中写道：**“教学改革不会单单因为法案通过、命令颁布而发生。当教师因为其专业，经常聚在一起共同探讨成功的教学法时，真正的教学改革才会发生。”**这是因为，教学改革的模式多种多样，适合甲校的方式，不一定适合乙校。

以下实例，可以说明真正的教学改革的面貌。波士顿写作计划主任乔·切克（Joe Check）在国家写作计划季度报告中，描述他如何把反思写作应用在教师培力工作坊，为教师开辟新的思考领域，解决学生背景多元的教学环境中，学生读写程度参差不齐的问题。

“几年前，有一位教师顾问邀请我跟她一起合作，在一个为期一年的教师培力系列课程中开一堂课。跟我们合作的波士顿小学，学生人数众多，背景多元，多数是黑人学生，作文成绩偏低，该校并有为少数族裔学生开设西班牙语及海地克里奥

尔语双语课程，所以也有使用西语或克里奥尔语的教师。在工作坊的第二堂课，校长、教师齐聚一堂，我们邀请所有的参与者写一段短短的、以个人回忆为基础的文章——这是我们过去常用的一种标准写作技巧训练。这一次，我加了一句话，告诉大家：‘请用你觉得最熟悉的语言来写作。’

“教室里的气氛立刻改变了。到了朗读与分享的时间，我们鼓励那些没有使用英文的教师学员，用他们写作的语言来念出他们的作品，然后即席用英文翻译一遍。

“接下来的讨论非常热烈，全校教师前所未有地深入探讨了文字使用的问题、正确性，以及在台面下沸腾已久的想法。有些双语教师说，他们以前从来没有体验过自由使用母语写作的感觉，觉得这是一个解放的经验。其他教师，包括双语及一般教师，则顾虑我们的方式是否有误导之嫌、是否会贬低标准英文的重要性，因为，不论是对双语还是单语孩子而言，毕竟英文教学才是学校成功的关键。有些教师指出，部分非裔美籍孩子，在家里使用的不是标准英文而是黑人英文，跟拉美裔孩子、海地裔孩子在家使用西班牙语或克里奥尔语的情形类似。

有几位海地裔教师，则对于克里奥尔语是否真正是海地人的母语有歧见，因为海地的官方语言是法文，多数学校使用法文授课，克里奥尔语其实是一种民间大量使用的方言，但实际使用人数比法文人口还多。

“那堂课结束的时候，几乎没有教师离开，大家都想继续。很明显的，在这些讨论中透露出来的讯息，对学校教学及学习气氛影响重大，只是以前没有被提出来谈。

“用三种语言朗读分享，是这一系列工作坊课程的突破口，就像一道闪电，忽然照亮了黑暗，暴露出这所学校语文教学真正的困境与复杂性。在那之后，教师学员与工作坊教员，不再假装选择‘最正确的教学’就能带来最好的读写成果。事实上，有些更深入、更个人的东西，影响更大。

“到了六月，学校已经有很大的进展，基于教师的共同理念以及学生的特殊需求，发展出一套独特的读写教育哲学。首先，写作是一个过程，写作练习应该要规律进行，用各种方式进行，在每一个年级进行；其次，相信提升母语能力也有助英文学习，同时每个学生都有权利得到最好的英文教学；再者，

家长，尤其是双语家庭的家长，应该固定被通知学校现在正在进行哪些课程，以及为什么要进行这些课程。每一位教师也都据此整理出一套自己的教学方法，在课堂上做出明显的改变。

“这一套教育哲学，从外人眼里看来，并不令人称奇。但对于这个学校来说，这是各执不同强烈理念的教师，经过一系列的谈判，而达成的全校性改革，能对来自不同背景的所有学生因材施教。”

这个实例，说明国家写作计划的教师培力，采取“教师辅导教师”的模式，不但培训教师，也把每个教师都当做最珍贵的资源，带来真正的改变。正如哥伦比亚大学教育学院教授谢李登·布劳（Sheridan Blau）在其著作《太阳底下唯一的新鲜事》[1]所写：**“解决教师与学生在教室里面临的学习与教学问题，最可靠、最可信的方法，要从成功教师自身的智慧与经验中寻找出来。所以写作计划将有经验的、成功的基层教师，视为最好的资源，能解决困扰教育界的种种问题。教师们不是问**

① 谢李登·布劳：*The Only Thing New Under the Sun*，暂译《太阳底下唯一的新鲜事——美国国家写作计划二十五年》。加州伯克利：美国国家写作计划1999年版。

题的来源，他们是解方。”

安·列格曼与黛安·伍德的研究报告也指出：**“国家写作计划的地方网络鼓励提出问题，不提供预先包装好的答案，而给教师机会，在都会、郊区、偏乡等不同的学校背景下，自己去思考学生的需求。如此发展出教师的一种心理，他们会珍惜教学工作带来的源源不绝的挑战，对于何谓专业教师，有了完全不同的概念：所谓教学专业，是要能够在这个疯狂变化的世界里，持续应对不同背景学生的需求。”**

教师培力与增能，在推动教育改革时尤其重要。2010年，美国共同核心标准（Common Core Standards）上路，全力复兴写作教育，但初期效果不彰，全国教师质量委员会（National Council on Teacher Quality）主席凯特·沃尔什（Kate Walsh）指出，根本原因是师资培力没有跟上教改脚步。关于共同核心标准，将在下一章详细介绍。

第5章

考试制度，如何改变读写教育

2010年，在全美州长协会（National Governors Association）及各州公立学校主管理事会（Council of Chief State School Officers）主导下，美国教育史上的重大改革——共同核心标准（Common Core Standards）上路，以学生在高中毕业时，应该具备进入大学或步入社会的能力为前提，明确订出从一年级到十二年级的学生，在每一学年结束应该达到的学术目标。

共同核心标准的实施，标志着美国国家课程时代的来临。联邦政府制定学生在高中毕业以前，应该达到哪些学术要求，以及何时应该达到这些要求；各州、各校则根据该标准，自行制定课纲、决定教材。共同核心标准激起诸多辩论，反对者认为，教学标准应该由各州自行决定，联邦政府不宜介入；支持者则认为，国家课程标准统一，才能确保各州教育水平一致。虽有上述争议，但自共同标准上路以来，多数州都采用此一标准，目前，全美共四十三州、华盛顿特区及四个属地都采取共同核心英文教学标准。美国国民教育协会（National Education Association）2016年调查指出，百分之七十六的基层教师支持共同核心标准。

其中，英文教学共同标准释出重要讯息：作文课不应该继续被视为教学中“沉默的子音”，或是阅读课的不受人重视的表亲。共同核心标准将注意力聚焦到所有学科的写作上，推动各州教学与测验标准的一致性。在采用共同标准的州，提高学生读写力及设置高评量标准，成为学校改革的重要目标。我与现任国家写作计划主任艾丽丝·艾德曼奥达尔（Elyse Eidman-Aadahl）讨论共同核心标准时，她盛赞该标准扭转了写作教育十几年来在美国教育体系中不受重视的情况。她说：“我喜欢共同核心标准。我认为对促进读写教育非常有帮助。”

以下将讨论共同核心标准，对美国读写教育的标准及评量做出了哪些改革，以及读写教育应用在其他学科上的情况。也将介绍评量学生读写力的一些原则，以及如何利用评量来了解学生进步的情形与教学上的需求。

共同核心英文教学标准明确指出，所有学生在高中毕业时，都应该有能力“仔细阅读、明确了解文章的含义并从中做出逻辑推论；在写作或论述时引用具体的文字证据，以支持文章的结论”。另外，针对各年级的学习目标，订有详细标准；例如四年级生在阅读方面应该能够“在解释文章内容并根据文章做出推论时，正确引述文中的细节与实例”，在写作方面则应该能够“清楚写出自己对某一主题或某篇文章的意见，并举出支持本身观点的数据和理由”。自六年级起，共同核心标准并将读写标准应用到数理科目上，根据该标准，六年级学生必须会写严谨的数理实验报告，并引用明确的证据来支持其分析。

将读写导入各学科

这样看来，提升读写力，对学习英文与学习其他科目同样重要。至于其他科目的教学,如何导入读写教育,也是备受注目。

其实，共同核心标准，不是美国教育史上第一次倡议将读写应用在英文以外的科目。早在1986年，全美数学教师委员会（National Council of Teachers of Mathematics，NCTM）就创造了一套学习标准，提高从幼儿园到十二年级的教学质量。NCTM标准发表以后，得到十几个学术社团的支持，认为该标准对数学科目教学的系统性改变产生了深远影响。写作在NCTM标准当中扮演重要角色，例如对九到十二年级的第二项标准指出：

“用于写作的教学技巧，在数理沟通的教学上也很有用。写作的过程强调脑力激荡、厘清问题，以及检查订正，这些角度完全可以用在解决数学问题上。简单练习写一段如何解题的说明文字，不但有助厘清学生的思绪，也可以让学生在互相观摩中，得到新鲜的观点。学生应该被鼓励持续写日志，记录他们学习数学的经验，以及解决问题的思考过程。写日志也可以帮助学生厘清他们对学习数学、对某一特定经验或是对某一课堂习作的感受。”

与共同核心标准一样，NCTM标准认可了写作在教学上的双重价值：既是解决问题的手段，也是表达思考过程的工具。它支持了罗伯特·蒂尔尼的发现：在生物课使用表达式写作，作为一种学习工具（详见本书第三章）。它也回应了小乔治·希洛克斯在《以写作为反思过程的教学》一书中所主张的，用写作来帮学生学习：发现、阐述、实验新点子、问问题、找答案等技巧。希洛克斯引述英语联盟会议（English Coalition Conference）于1987年发表的报告《九〇年代以后的英文教学》[①]，主张**“学生必须‘学习成为查询者、实验者，以及问题的解决者’……不但成为更有效的作者与读者，也成为这个剧变中的世界里更积极的参与者”**。

关于共同核心标准的辩论接连不断：这套标准会否太高或是太低？对教学与学习造成了什么样的影响？佛罗里达州是率先采用共同标准的州之一，截至2017年，全美共有四十三州部分或全部采用共同核心标准。佛罗里达州坦帕学区督学玛莉

① 理查德.劳埃德琼斯（Richard Lloyd-Jones）、安德莉雅·伦斯福德（Andrea A. Lunsford）：*English for Nineties and Beyond*，《九〇年代以后的英文教学》。马里兰：英语联盟会议1987年版。

艾伦·艾莉亚（MaryEllen Elia）接受哥伦比亚广播公司专访指出，共同核心提高了学生表现的门槛，学校必须用各种方法挑战学生，让他们更积极参与学习活动。但是，仅仅创造高标准，不足以在校园里促进学习，教师才是让这些标准在教室里活起来的推手。教学标准的落实，需仰赖优秀的教师，知道如何以教学策略，来成功执行纸上的标准，支持高水准的学习。但很多教师对此没有把握。例如，由独立出版机构教育社论计划（Editorial Projects in Education）发行的《教育周刊》，于2016年进行的大型调查发现，只有百分之三十九的教师，觉得自己对于共同核心标准教学“准备好了”，有把握执行。

改善这种情形的一个关键，就是为所有教师进行培力与增能（详见本书第四章）。在教师短缺与流动率高的情况下，这个需求尤其迫切。致力于教育政策相关研究的独立研究机构学习政策研究院（Learning Policy Institute）报告指出，2013年，全美高度贫穷学区，有近九成的学校面临师资不足的困境。学习政策研究院院长、斯坦福大学教授琳达·达令哈蒙德（Linda Darling-Hammond）接受美国广播电台专访表示，阻止师资流失的关键，就是教师培育与辅导。政府当局可以在这方面扮演举足轻重的角色，提供资源为教师培力，帮助他们把纸上的标准真正带进课堂。教师培力与增能，提供教师资源，让他们接触最好的课堂实务，给他们时间思考如何达到标准，这才是落实教学标准的关键。否则，再好的课程标准，也只是虚文。同时，对学校行政人员，例如校长的培力与支持也同样重要。提供教师资源、带领学校朝有前瞻性的目标迈进，校长们扮演着关键的角色。

另一个造成美国师资流失的主要原因，达令哈蒙德说，是来自考试制度下的问责制压力。因为小布什政府时代的主要教育政策“没有一个孩子落后”（No Child Left Behind）重视考试结果，影响所及，各校都修改课程，以应付考试为宗旨，给第一线教师很大的限制、很少的自主空间，违背很多教师投身教育的初衷。在理想的状况下，教育改革应该由教学标准而非考试成果来驱动。与此同时，很多教育家关心“教学、标准、考试三者不同调”的问题。因为，教学标准可以描绘出一套丰富的课程；但是，如果评量制度没有跟教学标准绑在一起，教学标准就难以实践。

重订读写评量标准

所以，对应共同核心标准的共同评量于2014年正式实施，采取共同核心标准的州，也都陆续重新制定了评量方式，来衡量学生进步的情形，以落实评量及标准的同步校准与改革，确定学生是否达成共同核心标准的要求。

达令哈蒙德说："在思考教学标准相关议题时，我们也需要考虑，什么样的评量制度才能真正地加强教学与学习。"

评量制度为什么要与教学标准契合，评量制度又会对读写教育产生什么影响？希洛克斯在小布什政府时代所做的一个研究，可以解答这个问题。这个研究观察5个州的评量制度（伊利诺伊州、肯塔基州、纽约州、俄勒冈州及得州），曾获全美英文教师委员会选为2003年杰出研究。这5个州是由于评量制度的相异性，以及地理上的多元性，而被选为研究对象。希洛克斯从5个州各选出6个背景各异的学区，访问了公部门决策者、学校行政人员以及基层教师。当他开始进行这项研究时，全美50个州当中，有37个州订有自己的读写教学及评量标准；他的研究，史无前例地深入探讨了不同的评量标准对教学法的影响。

希洛克斯发现，在州与州之间，读写评量标准有很大的差异，包括写作评量的种类、注重的要点、次数与多样性、评量实际执行的方式（何时举行、由谁来评分等）、评分的标准（例如内容占五分、组织占五分……）。举例来说，在共同核心标准实施以前，肯塔基州和俄勒冈州的读写评量，要求测验与日常表现并重；另外三州则只考虑测验成绩。希洛克斯在研究报告中指出：**“肯塔基州的学生有一整个学年的时间来完成他们的读写测验……得州的学生有一天的时间，伊利诺伊州的学生则只有四十五分钟。”**

纽约州的评量注重说明文，俄勒冈州综合评量创意写作、说明文、叙述文以及论说文。在肯塔基州与纽约州，作文由授课教师来评分；在伊利诺伊州与得州，作文被外包给补习班来打分数，以求公正。纽约州与得州的高中生，要通过作文测验才能毕业；伊利诺伊州高中生的作文成绩不会影响他们英文课的总体分数。在得州，如果某个学区的学生，读写成绩普遍低落，这个学区将会面临被观察甚至解散的命运。这些评量方式的利弊，有很多讨论空间，但可以确定的是，它们对教师在课堂上怎么教阅读和写作，有深远影响。

很多相关研究都聚焦在读写评分标准之间的差异，以及这些标准所反映的价值观。教育学者格兰特·威金斯（Grant Wiggins）在其著作《教育的评量》[①]一书中就指出："（在共同评量实施以前）**许多州的评量标准，只就文章结构、拼字文法等几个焦点来评分，完全不考虑文章本身的论述是否有力、令人印象深刻、激励人心或令人动容，有牺牲优良写作之嫌。"**

希洛克斯也批评，在共同评量实施以前，某些州的读写评分标准很模糊，所推行的教学法质量很差，而且对学生进入大学、步入社会没什么帮助。他以某学区的作文教学指南为例，这份指南完全依赖公式化的五段式写作，写作测验则要求学生在很短的时间内写出符合上述结构的文章，学生练习这种公式

① 格兰特·威金斯：*Educative Assessment*，暂译《教育的评量》，新泽西：Jossey-Bass出版社1998年版。

化写作法，写出空洞的文章，反映的是写作教学标准低落，且剥夺了学生进行批判性思考的机会。“五段式写作公式”告诉学生，不管他们写什么，都不需要提出有根据的理由来支持自己的论点，举的例子甚至不必与主题直接相关。2016年的SAT写作测验改革，就是为纠正此一歪风（详见本书前言），讽刺的是，迄今许多留学咨商机构，仍然向学生大力推行“五段式写作法”，并将之吹捧为“托福写作经典结构”。

几十年来的研究也显示，虽然这种公式化的写作法可能是一种方便的权宜之计，让学生在短时间内写出一篇像样的文章，但长远来看，却会戕害学生的读写能力，无益学习。正如加州州立大学伯克利分校教育系教授莎拉·弗里德曼（Sarah W. Freedman）与纽约市立大学教育心理教授柯莱特·戴尤特（Colette Daiute）观察到的：**“读写的评量制度，往往未能反映评量的文化、过程以及目的……当这种考试制度决定学生大部分的成绩时，它们就可以决定大部分的教室生活，迫使教师花过多的时间钻研写作公式及文法拼字，不支持真正的读写教育，剥夺了学生学习的机会。”**

学校的行政阶层以及教师，可以利用明确的读写评量标准来支持学生成长，提高他们的读写力。评量制度一定要与教学标准紧密联系，评量制度要能反映出教学的目的，不能仅是为了打分数或行政目的服务。换言之，成功的评量制度，要能诊断出学生在读写上的缺点，并且让学生据此来加强自己的能力，或让教师据此来修改教学方针。为了真正了解学生学习的情形——这才是评量制度真正的目的，教育当局及教师应该考虑：第一，评量的方式要多样化；第二，要涵盖不同的文体；第三，评分的项目及比重要合理；第四，要能看出学生随着时间进步的情形。这样的评量，才是有效的评量，也才能激发学生的潜能。以下就这四点分别来讨论。

一、评量方式要能多样化：考试时，简答题或复选题，可以用于评量学生在某些方面的知识，但是显示不出学生读写能力的广度。考题应该提供与教学标准相关联的多种项目和基准，让学生有机会做长篇的论述，让教师可以看出学生在以下方面的能力：

- **组织讯息的能力。**

- **产生并发展想法的能力。**
- **构建缜密的、令人信服的论证的能力。**
- **写前后连贯的文章的能力。**

从长篇论述中，也可以更清楚地看出学生对某一个主题的理解，以及正确使用文法、标点、拼字的能力。

二、要能评量不同文体：单一文体的作文评量，可以大致看出学生的写作能力，或者看出某一堂作文课是否达成效果，但是如果只聚焦在单一文体的作文（很多教师倾向特别注重论说文或叙述文的写作），就不能看出学生整体的专长与弱点。很多学生都能写一段通顺的电影情节摘要，却不能进一步写一段影评，或是评论不同的观点甚至形成自己的看法，而这些都是进入大学必备的学术技能。有些学生在自我表达方面很有天分，能以第一人称写很好的文章，却不能活用其他文体。加州州立大学戴维斯分校教授桑德拉·墨菲（Sandra Murphy）在《建立作品合集的风气》（*Creating a Climate for Portfolios*）一文中写道：**“身为教师，我很久以前就学会对于以一件作品或一堂课来评量学生写作程度，抱持怀疑态度。经**

验教会我，研究也证实，拿一个学生在某一场合的表现，来预测他在其他方面、其他情境、其他文体上的程度，是不可能的。”我们需要多个学生作品样本，每个样本都是针对不同的读者、不同的目的而写，才能掌握这个学生的能力，并了解他的需要。

三、要有合理的评量标准：应该要依据作业的内容，设定评分项目和合理的标准。格兰特·威金斯主张：“所谓合理的标准，是要适当地决定哪些因素会影响分数。”他举了一个以拼字文法为评分标准的例子，说明这样的评分也许很公平，却不合理，“虽然我们很容易计算出学生在一篇文章中犯了几个拼字或文法错误……但是这个评分却不合理，因为他没有评比出学生写的这篇文章是否具有可读性。”他进一步指出，拼字的正确性也很重要，却无关文章内容是否引人入胜，而写一篇能引人入胜的文章，也是学生写作的重要任务。一个合理的评分标准，应该要考虑文法的正确性，也考虑文章本身的质量。希洛克斯针对各州评量标准的研究也发现，在共同评量实施以前，这是许多州评量标准的通病。很多评量标准，没有考虑文章的中心思想是否完整，提出的证据是否有说服力，或者引述的数据是否精确。

四、要能评量学生随着时间进步的情形：好的评量，应该可以从一系列的作品中，例如一套作品集，计量出学生的进步与成长。从这样一套作品集里，不但可以看出学习效果，也提供丰富的参考资料。对学生而言，这种方式让他们有机会看出自己的进步，了解自己为什么拿到这样的分数。对教师而言，这种方式可以作为修正教学方针的依据，在做新学年课堂活动计划时，就可以更贴近学生的需求。作品集可以是任何形式的合集，主要是让学生把自己的作品搜集在一起，可以随时参考翻看。美国很多读写课堂都让学生制作自己的作品集。作品集有助达成三个评量目的：多样化的评量方式、评量不同的文体、合理的评量标准。支持使用作品集的教师认为，作品集最大的好处还是在教学。作品集里常常包括同个题目、不同版本的草稿，不同文体的作品样本，以及一学期当中所有的成品。当中的作品范围广泛，运用得当的话，即使是新任教师，也可以从学生过去的作品集，看出这个学生学习及进步的过程。这样的一本作品集，比在开学的时候临时举行一场随堂作文考试好得多，参考价值也大得多。

对于如何将作品集运用在写作力的评量上，前芝加哥写作计划主任、现任路易斯大学语言学教授的贝蒂·简·瓦格纳（Betty Jane Wagner）有独到的见解。她认为让学生对评分过程有参与感，非常重要，而制作作品集就是很好的方法，让学生把自己最好的作品收集起来，让这些作品来决定成绩。瓦格纳说：“我鼓励教师，让学生选择几篇他们自认为最好的作品，然后根据这些作品来评分。专业的作家也是这样——他们从自己的作品当中选最好的来发表。我希望教师都能考虑这样做。这样孩子们才会对自己的写作有感，才会觉得自己能掌握自己的写作与分数，而不是什么都是教师说了算，教师只是扮演一个指导者的角色。”

评量应能反映进步

以下就以威斯康星州一所双语小学的教案为例，来探讨读写评量制度，如何反映出学生随时间进步的情形。

弗拉特尼小学（La Escuela Fratney）是位于密尔瓦基的

一所公立双语小学，用英语及西班牙语授课。他们推动以学生为中心的“项目学习法”，每年的重头戏，就是在学期末展览学生作品。该校教师、曾获威斯康星年度教师奖的鲍伯·彼得森（Bob Peterson）解释这种方式：“在学年里，每个五年级学生都要完成一个主要‘项目’。这个项目包括一篇学生的自传，一篇以西班牙文写成的濒危动物报告，一套双语诗选集，一篇关于知名人士为社会正义而战的报告，以及一篇从小学一年级迄今的自我回顾。”

彼得森表示，他从纽约市立高中推行的项目学习法中获得启发，在参观过该校学生期末成果展之后，决定在自己的学校推动。他发现这是一种很有效的方法，激励教师也激励学生。每一学年开始时，彼得森告诉学生，学期末在活动中心将会有一个成果展，首先会邀请三年级和四年级的学生来参观，让他们从中得到自己升上五年级时做项目的灵感。接着这个成果展会开放给家长及小区人士参观，包括大学教授、校务董事、当地企业领袖、学校老师等人，都会受到邀请。

这个成果展，让学生尽量呈现他们整个学校生涯的学习成果，举凡幼儿园时的写字本、一年级时的故事读本，统计同学们看电视习惯、种族背景、最爱足球员的数学作业（作业用圆饼图、百分比及分数等多种方式呈现），还有作文习作等，都可以拿来展示。每一年，彼得森都想出新方法来引导学生，让展览更精致。现在，他在每一学年开始时就订下作业要求，并且把评量项目和详细指南都发给学生，作为他们作业时的参考，以确保学生有个依据来要求作品的高质量。他同时还会发给每位学生一张"自我评量表"。这张评量表要求学生"退后一步，想想自己迄今为止学到了什么，以及可以如何把所学到的知识应用在作业上"。在准备成果展时，学生两人一组，写一份双语演讲稿，在展览时用双语发表自己的学习成果。这个成果展，就是学生们一整年最大的"考试"。这样的评量方式，既能反映出学生的认知与技能，又让学生有参与感、有成就感。

彼得森致力推动项目教学法二十年，曾于《激励学生做优质的工作》[①]一文中写道：**"我发现这样的公开成果展，对激励**

① 鲍伯·彼得森：*Motivating Students to Do Quality Work*，《激励学生做优质的工作》。收录于《反思学校》杂志（暂译，*Rethinking Schools*）1999年春季刊。

学生很有帮助。这也能帮助我维持对学生一贯的高度期待。如果教师知道他们的学生将会这样公开展示作业，就不会浪费时间出一些没有用的作业。他们的课程会更有方向，更项目化，更符合真实世界的需求。这是一个好例子，说明如果采用好的‘考试’方式，那么用考试来驱动教学是可行的。”

在这个“考试”的过程中，学生能够充分掌握自己的成绩。鲍伯·彼得森的项目成果展引起教育界注目，因为它激起学生对自己成绩的责任感，并且对自己的作品有一种“这属于我”的成就感。在准备这个成果展的过程中，学生可以看出自己在过去五年内的成长。他们可以参与评分过程，了解自己在每个评量项目上的表现。

很多教师都发现，在读写教育上，让学生充分参与并了解评分过程，对学习很有帮助；这让他们对自己的学习更有责任感，对课程要求有更清楚的认识，而不会有“作文课的分数都是教师随便打的……标准变来变去”的感觉。让同学之间互相观摩作品并给予回馈，是另一种增进课堂参与感的有效方式，但要先确定学生有知识与能力对别人的作品做出有参考价值的评价。同侪回馈，让每个学生都有机会对课堂的学习气氛做出贡献，并互相激励追求写作的高质量。

学生需要机会表达自己的想法，随时了解自己在学习成为一个好读者、好作者的路上，走到了哪一步。多伦多大学教育系教授卡尔·伯雷特（Carl Bereiter）与马琳·斯卡达玛莉雅（Marlene Scardamalia）合作的研究显示，这种“元认知”，即“认知的认知”，对于成为一个更好的读者、更好的作者，非常重要。学生可以自我评估优缺点，自己制定提高读写力的策略，达成自己的学习目标，这些都是有效的学习工具。这些，应该成为读写力评量制度中不可或缺的一部分。学生在课堂上或考试时，会被要求写一段论述来解释自己如何解决某个数学问题；同样地，他们也可以被要求反省自己的写作技巧，或反思自己有什么学习计划来提高自己的读写力。这些写作任务，都是很好的机会，让学生把查找和批判性思考的能力应用在自己身上，思考自己是一个什么样的学习者。

以上密尔瓦基弗拉特尼小学的教案说明：能够反映出学生进步情形的评量方式，才是好的评量。

读写评量制度典范

前述希洛克斯针对5个州不同读写评量制度所做的研究也指出，肯塔基州的评量制度优于其他4州，因为测验与日常表现并重。在全美50个州当中，肯塔基州也是率先采用共同核心教学标准的第一州。在共同核心标准上路前十年，肯塔基教育当局就致力于提升学生读写力。但是，在90年代以前，读写教育在肯塔基州并不受重视，希洛克斯的报告引述肯塔基教育局助理专员斯塔尔·刘易斯（Starr Lewis）的描述指出，学生只花一点点时间写作，而且多半在练习五段式写作。1999年，肯塔基重订教学标准指南，不再鼓励这种公式化写作。取而代之的，1999年版指南强调高质量的读写教育，培养学生对作品的掌控力，以及写作过程与拼字文法并重。根据当年肯塔基州教师手册，读写评量的目标在于：

- **给学生技能、知识、信心，让他们成为独立的读者、思考者、写作者。**
- **提升每一个学生为不同的读者、不同的目的、书写不同的**

文体的能力。

- **记录学生在多种不同文体上的表现及进步的情形。**
- **结合课堂教学。**
- **根据学生的需要，修正课程的设计，提供学生他们真正需要的知识。**

在高中最后一年，肯塔基州的读写评量制度，要求学生交出五篇作文以及一封自评信。五篇作文，包括一篇自传体文章、一篇创意写作、三篇论说文或说明文，其中两篇要以科学为主题。自评信则由学生阐述自己在高中四年内读写能力进步的情形。

在针对各州读写评量制度所做的研究中，小乔治·希洛克斯给予肯塔基州的评量制度高度评价："很明显地，肯塔基州读写评量制度，所衡量的范围，比其他州的评量制度，都更广泛更精细。"除了考虑不同文体的写作，这样的评量制度，也给学生充分的时间去构思一篇文章，而不套用写作公式。肯塔基州的读写评量制度，得到最多教师肯定，该州超过四分之三（百分之七十六点六）的教师认为评量制度有助于教学，三分之二（百分之六十七点二）对评分项目持正面评价，超过八成接受访谈的教师认为评量制度有助提升学生的读写能力。其他没有一州的评量制度，得到教师这样强烈的支持。在2002年美国《教育周刊》的评鉴中，肯塔基州学生的学术能力，在全美50州排名第三。这并不令人意外，因为读写力是一切学习及批判性思考的根本，提升读写力就是提升学习力。

共同核心评量标准，与1999年版肯塔基州评量制度有许多相似之处。共同核心写作评量标准综合评量论说文、说明文、叙事文等三种文体，分别从以下标准来评量。

【论说文评量标准】

- 文章主张是否清楚。
- 是否提出足够的证据及有力的论述支持主张。
- 是否考虑到读者的知识程度。
- 段落之间是否连贯。
- 拼字文法是否正确。

【说明文评量标准】

- 文章是否聚焦在一个明确的主题上。

- 是否清楚呈现事实与定义。
- 是否考虑到读者的背景知识。
- 段落之间是否连贯。
- 拼字文法是否正确。

【叙事文评量标准】

- 文章是否有清楚的故事线。
- 是否灵活运用对话、描写等多样叙事技巧。
- 所描述的事件顺序是否符合逻辑。
- 拼字文法是否正确。
- 结尾是否对所描述的故事提出反思。

• • •

成功的评量制度，要能诊断出学生在读写上的缺点，并且让学生据此来加强自己的能力，或让教师据此来修改教学方针。

• • •

第6章

教育改革，需要由下而上

有效的读写教育政策，关键是政策制定者具有“相信读写力”的理念，而肩负课程改革责任的教育界领袖、学校行政单位，也有能力制定并推广有效的读写教育政策。教育当局和学校的行政单位，在建立有效的读写教育政策上，应该扮演什么角色？校方可以采取什么样的具体步骤，来面对挑战，进行改革？

以下介绍一些美国校长、督学，如何与教师合作，通过有效的读写教育政策，提升学生读写能力，培养学生的能力与自信，成为犀利的读者、优秀的写手。综合这些读写教育研究专家、课程协调员、督学、校长、教师，从不同面向所见得知，读写教育政策，需要靠一些必要的行动，打造出必要的条件，才能推动成功。

营造读写教育环境

行政阶层是学校里推动读写课程、制定有意义的读写评量制度的关键推手。

通过与教师合作，可以有步骤地导全校，做到以下几点：

- 制订提升读写力的长期计划，并与全校教师沟通，促成共识。
- 向教职员与家长发表政策声明，表明校方重视读写教育，说明读写教育为何重要，呼吁整个“学校社群”一起来提升学生读写力。
- 评估本校读写教育的程度。
- 召集教师领袖来提倡读写教育。
- 提供资源给教师，例如教材、工作坊、在职进修等机会，让教师学习有研究依据的课堂策略。
- 建立有弹性的行政结构，能够回应并支持来自教师和家长的声音。
- 针对授课时数、经费方面的问题，找出实用的解决方案。

校长如何领导教师重视读写教育？加州圣拉蒙谷学区（San Ramon Valley Unified School District）的督学罗伯·阿尔珀特（Rob Alpert）很有经验。他在加州丹维尔（Danville）一所高中担任校长期间，要求教师参加校务会议时都要带纸笔。因为阿尔珀特参加了加州州立大学伯克利分校主持的湾区写作计划教师课程以后，决心在校务会议中固定拨出时间，让教师练习写作。

“我不但希望教师练习写作，也希望他们多多分享自身的经验。有些教师，在相邻的教室授课二十年，却对彼此一无所知。我从写作计划的课程中得到启发，让教师写写关于他们童年时住过的房子，他们的名字怎么来的，或写点关于他们家人和小孩的事。

“（等到教师渐渐习惯了在一起写作）我们也会一起讨论，怎么样生动地描绘一样事物，而不只是平铺直叙。然后我们会互相提醒，对学生的作文应有哪些要求。我从来没有要求教师‘把你们在教职员会议上学到的应用在课堂上’。但不久后，我就注意到，本校学生的作文习作愈来愈好，愈来愈接近标准学力评量的要求。因为教师自己都成为了更好的写手，自然能把学生带起来。”

调查读写教育现况

搜集不同年级教师出的作业及学生的作品等样本，可以从中得到重要的资讯，来评估该区或该校读写教育的程度，并把注意力引导到具体的课程需求面。不同科目、不同风格、不同类型的写作样本，包括叙事文、论说文、分析文、自传等，都应被提出来供教师讨论。关于学生作文应该达到什么标准、符合哪些期待，教师之间应有共识。对教师和学生进行意见普查很重要，可以帮助学校领导阶层了解师生对读写教育的看法与期待。

在学校或学区里进行读写教育的调查，勾勒出师生的共同愿景，其后便可以此为基础，进行教学改革。美国国家写作计划指出，普查应涵盖以下项目：

- 哪些教师在教阅读与写作?（不限语文科目老师）
- 哪些教师喜欢阅读与写作，并且花时间在这上面?

- 学生在课内花多少时间、进行哪些读写练习？课外呢？
- 教师对于好的写作有哪些期待？大家的期待都一致吗？
- 教师对于学生应该如何学习写作，以及读写可以作为学习工具、应用在所有科目，都有一致认识吗？
- 学生有机会选择自己想看的读物、想写的主题吗？
- 每星期、每个科目各有多少时数让学生阅读和写作？
- 教师和学生讨论过“写作过程”的观念吗？
- 各科作业，有让学生练习写长篇申论的机会吗？还是只做简答和填空题？
- 学生有机会打草稿并修改自己的草稿吗？
- 学生有机会练习写不同类型的文章吗？
- 教师如何回应学生的作文（分数、评语、讨论）？
- 教师会示范写作，或跟学生一起练习写作吗？
- 学生有被鼓励在作文课上冒险尝试创新的表达方式吗？
- 学生学习了哪些“查找”的技巧，并且运用在作文上呢？
- 学生有机会定期反省自己的读写能力有无进步吗？
- 学生的读写能力如何被评量，评量成果如何？

调查结果，可以帮助学校衡量校内读写教育的质量。美国国家写作计划并提供一份清单，指出“流于形式的读写教育”与“真正有效的读写教育”的不同，供教育界自我检视。

	流于形式的读写教育	真正有效的读写教育
1	教师出给学生的作文题目不一定与学生的生活经验、曾经学习过的知识或现在正在学习的内容相关。	教师鼓励学生把自己的生活经验、曾经学习过的知识、现在正在学习的内容都应用在作文上，让学生在写作时有机会提取背景知识。
2	教师出作文题目时，没有考虑文章的目的及目标读者。	教师出作文题目时，会向学生说明文章的目的，以及设定的目标读者群。
3	学生认为自己是为成绩而阅读、为成绩而写作。	学生知道自己是为了学习而阅读、为了沟通而写作。
4	学生只看教师指定的教材，只写教师指定的作文题目。	学生有机会选择自己想看的读物，写自己想写的东西。
5	教师指定每篇作文须完成的时间与字数。	学生可以根据作文的范围与目的，提出自己认为需要的时间及恰当的字数，并与教师讨论。

续表

	流于形式的读写教育	真正有效的读写教育
6	学生只有一次机会完成文章供教师打分数。	学生有机会打草稿，并与教师讨论、修改。
7	教师给学生的评语多半是负面的，或者只找出错字。	教师给学生的评语指出文章的优缺点，不只是找错字。
8	教师要求学生做的订正工作，多半是“把错字重写十遍”。	教师提出对于文章风格、思想组织的具体建议。
9	教师逐页纠正学生的拼字或文法错误。	学生在课堂上读彼此的文章，练习编辑，找出对方的错误并互相讨论。
10	教师多半时间花在改作业上。	教师多半时间花在讲课上。
11	教师批改每一份作业。	学生有机会自我评量或互相评量。
12	学生从来不知道教师打分数的标准。	学生知道自己为什么得到这样的成绩。
13	所有的作文作业都是短文，字数在400—1000字之间，并使用起承转合的固定格式写作。	学生被指导将不同的修辞、元素，应用在不同文体的文章当中。
14	学生被要求在论说文中举例证明自己的观点，但举证的质量及其与主题的关联性很少被考虑。	学生被指导在阅读时，以各种策略来判断文中主张与推论的可信度，并将之应用在作文上。

续 表

	流于形式的读写教育	真正有效的读写教育
15	学生被要求作文的主题要明确，组织要符合逻辑，但没有被指导要怎么做。	作业的设计有明确的步骤，帮助学生运用“查找”的技巧，来集中主题，组织并发展思想。
16	学年结束时，学生不知道自己的读写能力有没有进步。	学年结束时，学生知道自己哪些方面进步了，哪些方面有待加强。
17	学生被要求分析、比较、描述、叙述、反思、结论，但没有被指导如何组织或阐述思想，或如何建构文中的角色、主题、想象。	学生有机会观摩好的作品，并通过作业练习如何发展思想、驾驭想象。
18	有时候学生会被要求重写。但重写的主要目的是订正文法、用字等机械性错误。	学生被鼓励重写、编辑、改善自己的作品，以获得更好的成绩。
19	学生在下笔前没有很多机会思考。	学生在下笔前有机会思考自己想写什么，跟教师讨论，或跟其他同学脑力激荡，练习预写或自由写作。
20	学生不知道自己的风格，或者根本不知道什么是风格。	学生被鼓励找出自己的声音，发展出自己的写作风格。
21	学生觉得读写很无聊，教师改作文时也觉得无聊。	学生与教师都热爱阅读，并为写作感到兴奋。

建立长期教学计划

曾任加州大学伯克利分校教育学院院长的戴维·皮尔逊建议，校长应该去课堂上视察、与教师谈谈、检查学生作业，这样才能确实了解读写教育进行的情况。另一个搜集信息的方式，是与教师一起进行一个小研究，分析每周的教学目标及计划，并追踪学生的学习成果，看看怎样的教学计划最有效。

设计以及实施全校性的读写教育计划，无法速成，需要时间。前佛蒙特州写作计划主任保罗·埃斯霍尔茨（Paul Eschholz）说："学区在实施读写教育时，最大的错误，就是没有事先计划好。这是一个三到五年的长期计划。学区不能期待一夜之间生出计划，然后在两三个月内就全面实施。读写计划要循序渐进地介绍给教师，然后慢慢扩大实施。"

在一些学区，这个"孵化期"甚至更长。例如缅因州，从80年代起，就将写作列为提高学生语文素养的重点课程。1999年，缅因州学生在国家教育进步评估中达到"精通"以上程度的人数比例，为全美各州中最多。这是经过长久的努力才得到的成果。缅因州教育评估委员会（Maine Educational Assessment Committee）在巴尔港（Bar Harbor）举行教师营，邀请十二个表现最好的学区的主管，分享他们推行读写教育的过程与心得。这十二个学区的社会经济背景各异，它们从规划、推动读写计划到收获成果，花了五到十一年时间不等。时任缅因州教育评估委员会主席的康妮·戈德曼（Connie Goldman）听取简报之后说："我原本期待教师提出一套具体的教学法。然而，他们多半强调教学的大原则。他们再三强调弹性对教学的重要性，认为弹性是决定教学成果的主因。很明显，读写计划并不只是一套教材而已。"

透过相关经验，可以归纳出，要让长期读写计划成功，需要这些认知与做法：

- **课程的"弹性"比"正统性"更重要。**
- **尊崇教师的专业。**
- **全校一体的气氛与共识。**
- **团队合作：校内拥有不同经验的教职员一起合作，建立起对提升读写力的共识。**

- 当由下往上的教学改革发生时，行政阶层正视基层教师的自主改变。
- 重视学习效果而非考试成绩。
- 降低教师流动率。
- 投资教师培力。

唐纳德·格雷夫斯在相关研究中指出：**“与由上而下的管理制度相反，缅因州学校的成长，几乎都是由下而上、始于教师自发性的承诺提升读写教学。”**

取得学校社群共识

想要成功发展读写教育，并没有一种“绝对正确”的领导方式。在一些学校和学区，教学改革始于英文教师、课程协调人、主任、校长之间关于读写教学的讨论。在其他学校，可能是由一群基层教师催生教学改革。琳达·达令哈蒙德与唐纳德·格雷夫斯，还有多位学者，都研究过创造成功学校的蓝图以及有效的教学计划是如何被设计与实施。他们两位都主张，成功需要时间，而且，由上而下的指示很难带来改变。理由很清楚：全校性的读写教育改革计划，需要共识——教师、行政阶层、家长，都要支持这个改变。有共同的承诺与共识做基础，就能让改变慢慢发生。还要有一群意志坚定、具有读写教育课堂经验的教师，担任推动者的角色，分享他们的经验，提出有效的策略。学校要找到一群有意愿、有经验的教师来负担起这个责任，这群教师了解写作教育的重要性，并且自己也经常读、经常写。

“学校社群”是指包括教师、学生、家长、学区内的每一个人。想进行改革、改变教育，不能只靠学校教师，更要获得家长支持。美国有一位很有名的教育家，也是读写教改的先驱，谢尔顿·贝尔曼（Sheldon Berman）博士，已经退休多年，仍经常接受访谈，讨论自己在上世纪90年代推动读写教育改革的经验。他感叹自己当年率领年轻教师，满腔热血地做教学创新，却被家长投诉，因为家长对教育的认知，仍然停留在自己当学生的时代，看不懂新的教学模式，觉得老师在乱搞。

经过经验累积，现在教育界更懂得如何取得共识。例如举行成果发表会，对家长会和校董会进行简报，都是扩大社群对读写教育的认识的好方法。进行读写教育改革时，学校及学区应该向家长宣导，说明校方对改革的期待，争取家长的支持。学校可以邀请家长一起参与读写运动，给他们一些写作的点子，鼓励他们跟孩子一起练习打草稿、改写文章。另一个争取家长支持的方法，是发给家长读写教育指南，教他们怎么样帮助孩子成为更好的读者与写手。校长、主任、教师以身作则，表现出对读写教育的支持与热诚，自己也从事写作练习。就像唐纳德·格雷夫斯说的，如果我们自己都做不到，怎么要求孩子？家长会还可以举办家长写作坊或读书会，扩大对话，帮助建立起全校性的读写风气。组织读书小组，邀请专家来演讲，一次针对一个主题来研究，例如抢救错别字、建立读与写的关联、如何打草稿与修改自己的文章、如何给别人的文章写评语、朗诵的技巧、不同文体的写作、如何进行查找等。

研究有效的策略

成功的读写教育计划，要让教师有机会观察、讨论好的课堂策略。研究显示，教师工作坊与小组讨论，最能催生有效的课堂策略。教师应该经常互相分享好的作文习题及学生作品，讨论实际的问题，例如合理的作业分量、评分标准，以及如何让小学生好好改正错字，让高中生学习用学术语言来写作等。这对教师的持续成长以及维持教学水平，都很有帮助。

学校当局可以提供专业进修的机会及相关的信息给教师，帮助教师学习最新的课堂策略，充实他们在读写教育方面的知识，磨炼他们的技能。有些学校教师缺少教阅读、教写作的经验，或者教师自己本身也很少从事阅读与写作，那么学校可以先把焦点集中在鼓励教师自己从事写作练习、了解学习写作的过程，这样可以激励教师。接下来，教师可以把他们自己学到的，分享给学生。教师先成长，再把学生带起来。教师培力，“持续”是很重要的，一年一度两个小时的课程是不够的。

发表于《专题教学活动与方法》(*Subject-Specific Instructional Activities and Methods*）期刊的写作教育调查指出，研究与实务经验都显示，读写能力的培养不是“获取一组技能的线性过程”，读写教育应该经常调整，首先让小写手浸润在丰富的、自然的语文经验中，然后慢慢引导他们从事复杂的思考与表达。一套有效的读写教育课程，会慢慢培养出教师对于学生“成为一个写手”需求的认识。这套课程，跟缺乏弹性、有严格范围与顺序、一体适用的课程设计，恰恰相反；这套课程，应该奠基于对个别学生需求仔细的观察以及调整。学校制定政策的同时，各科教师都可以参与意见、建构读写课程。通过持续的沟通、对学生需求的信息分享，各科教师建立起一贯的标准与期待，这样学生才能通过各科的写作任务，持续朝“成为更精练的写手”这个目标迈进。

推动跨科写作练习

在伦敦大学两位学者詹姆斯·布里顿（James Britton）和南希·马丁（Nancy Martin）的推动下，英国中小学校园，自上世纪60年代起，就推动跨科际的写作练习。近年来，这股风潮也吹进美国中小学校园，是目前很风行的读写教育改革运动。但是，在美国各中学，跨科际写作练习的实行成果差异很大。某些学校成功体现了这种最创新的教学模式，但其他学校，即使是最支持跨科际写作练习的教师，仍觉得在体制内执行起来很困难，尤其是在学生面临升学压力的中学后期。尽管如此，多数教育学者仍然主张，跨科系写作练习，值得各校排除万难去推动。

在美国小学的教学现场，不同科目的教师，以跨科际写作来加强教学，已经愈来愈普遍，也获得很好的成果。而在课程愈来愈重的中学，这方面的执行就比较困难，但仍有一些成功的例子，例如纽约曼哈顿的国际高中（International High school）以及马萨诸塞州的哈德逊高中（Hudson High school）。这两所高中采用相同的做法：不把写作设为一个独立科目，而是作为各科教学及评量的一部分。为了推动此一政策，校方训练教师，给他们机会从事教学观摩，学习把要求写作应用在不同的科目。校方也鼓励不同科目的教师聚在一起，讨论如何将写作作为教学生查找、批判性思考的工具。

先看看哈德逊高中的成功实例：由于学区督学谢尔顿・贝尔曼（Sheldon Berman）推动跨科际写作策略，把这所默默无闻、表现平平的高中，转变为获美国教育部颁奖肯定的教育改革模范高中。

哈德逊高中是美国最早实施跨科际写作的高中。教改先驱贝尔曼博士自1990年，接任该学区的督学，就开始思考将写作教育用于教学改革的可能性。后来，他开始在哈德逊高中推动全校性的跨科际写作课程。当时他的做法偏离麻州教学标准，因而遭到家长投诉、批评，甚至该校有六成教师因此离职。但是，如今贝尔曼推动的教学法，受到美国教育界普遍推崇，他自己也说，相信自己为学生们“做了对的决定”。他说：“我仔细研究过州教学标准，坦白说，我觉得我们还是符合教学标准骨架的……作为一个督学，我的做法是执行州标准中好的部分，我的责任是不要让学生受到州标准的负面影响。”言下之意，对当时的麻州教学标准颇有微词。

贝尔曼致力在全学区推动一个目标：进步的、以学生为主的、以探究为导向的教学，并且努力争取各校委员会的支持。他认为，写作教育是推动此一目标的引擎。但是他面临强大的阻力，很多90年代后期在麻州当过校长的教育界人士，迄今都还记得这场“由下而上的革命”。2001年，哈德逊高中的

916名学生、88名全职教师，一起经历了这场巨大的革命。为了征求新教师，贝尔曼和学校行政人员发布了以下征人启事，寻找他们认为能够在这场改革中蓬勃发展的教师：

哈德逊公立高中寻找有创意、以学生为中心、熟悉新科技的语文教师，愿意致力于在文化、经济背景多元的校园工作。我们欢迎能够引导学生共同学习、服务学习、批判性思考、解决问题，并有意愿在一个创新的教学环境工作的教育者。

全校推读写的成功案例

贝尔曼雇用了一批头脑灵活的课程主任，致力于创造以提升读写力为先的教职员文化。其中一个关键目标，就是建立科目之间的联系。

在贝尔曼的领导下，课程主任在学校及小区里推动改革，将哈德逊高中从一个传统、默默无闻、学术表现偏弱的高中，转变为一所教学改革的典范高中，并获美国教育部授奖肯定。首先由六到十二年级英文艺术课程主任麦迪·布里克（Maddie Brick）负责，对哈德逊高中的教师进行普查，找出在教师心目中学生最迫切的需求。结果，大家都同意，写作教育是最亟需改进的一个领域。这是一个好现象，至少表示教师在促进读写教育方面有共识。布里克随后召集一批有兴趣面对挑战的教师干部，然后向纽约教育局申请了一笔经费，让这些教师都去进修读写教育。麻州写作计划主任皮特·埃尔伯（Peter Elbow），邀请这群高中教师检讨自己的作文，然后彼此讨论他们写作的过程，这样可以帮助教师了解学生学习写作的过程。

布里克说："教师们开始对话，深入讨论对学生的期待与标准，我们得到了有声有色的结果……教师学会使用读写教育的术语，向孩子们描述学校读写教育改革的前景，帮孩子们找到自己想说的话，教他们用作文把这些话表达出来，并指导他们如何编辑彼此的作品，给对方有用的意见，而不只是挑出错字。"

这一群有志于读写教育的核心教师，以及持续的教师培力，奠定了哈德逊高中全校读写教育改革的基础。这一群教师变成教师领袖，带动教职员讨论跨科际读写教育的风潮。他们特别注重说明文、论说文及分析文，因为这三种文体，容易被应用在科学等非语文科目。哈德逊高中的教师，自己也在课堂上跟学生一起练习写，并且拿出自己的文章供同学批评，亲身示范。他们建立起各种文体的评分标准，保证全校、各科目使用的写作评分标准都一致，并将这一套评分标准公开给学生和家长了解。

2001年，哈德逊高中获得教育及研究机构（Mass Insight Education and Research Institute，MIERI）颁发的先锋奖（Vanguard Award），肯定学校读写教育的改革成果。MIERI是一个由业界及学界领袖组成的非营利组织，以推动高水平的教育改革为目的。先锋奖的获奖标准之一，是至少连续三年在语文或数学方面持续进步。推动读写教育改革后，哈德逊高中学生在麻州综合评量（Massachusetts Comprehensive Assessment System）及加州成就测验（California Achievement Tests）两项指标性评量中，都迭创佳绩。也证明了写作教育在升学压力当头的高中高年级阶段，是重要而有效的学习工具。

贝尔曼说："学生自我表达的能力，是所有科目的教师都应该重视的，对科学、数学也很关键。我们为学生寻求思考及表达的机会，不论是写日志、解释他们的答案，或描述他们的学习经验。我们一直要求学生多写，因为写作就是这么重要。”

接下来再看看另一所读写教育改革的模范高中——曼哈顿国际高中的真实故事。曼哈顿国际高中，是一所有大量英文不流利的新移民学生的纽约市立高中，学校通过推动跨科际写作教育，来满足校内高度多元化的学生组成，在最困难的环境中取得成功。虽然多数学生的母语不是英文，但他们的教师了解，流利读写英文的能力，不论是对学生现在的学业或未来的事业，都将是成功的关键。

近年来，愈来愈多非以英语为母语的移民子弟，涌入美国高中校园，还有很多外国留学生进入美国研究所，他们都被期待要有母语般流利的英文程度。很多移民学生口说的能力比写作好，这是因为很多教师不了解以英语为第二外语的学生，在学习写作时需要哪些帮助。有些教师以为，这些学生要先学会口说，才能学习写作。但是在曼哈顿国际高中，教师致力于让学生了解，在学习英文的同时，也可以在各科目上追求好的表现，不必等到学好英文再来学其他。

成立于1985年，曼哈顿国际高中是美国最早为移民设立的高中之一。成立初期，学校的入学条件是：学生在美国居住不满四年，并且英文学术表现低于百分之二十一。目前全校共约340名学生，来自48个国家，说37种不同的语言，百分之五十七的学生有资格领取免费或减价的营养午餐。这样的学生组成，对教学而言是很大的挑战。早在90年代中期，这所学校就是学者经常研究的对象，被用来探讨各种创新的教学方式。

美国国家英语学习与成就中心（National Center on English Learning and Achievement，CELA）研究发现，曼哈顿国际高中用跨科际写作课程，以及精细的“作品集”制度，鼓励学生观察自己英文及写作能力进步的情形，获得很好的成果。这样的方式，也成功帮助许多学生达到州评量标准。CELA研究员朱迪丝·兰格（Judith Langer）指出，曼哈顿国际高中的学生，积极培养自己的语文能力，学习如何使用语言来达到学术目的。

2015年，曼哈顿国际高中百分之七十二的学生，通过纽约州学力测试并顺利毕业，这是自2011年以来最高的毕业率。

这个纪录看起来不怎么样，但是琳达·达令哈蒙德指出，换做其他传统的纽约市立高中，学生半数以上会在升上十二年级以前辍学。因为很多学生入学时只会说一点点英文，该校采用师徒辅导制来帮助学生学英文，所有的新生都会被安排由一位使用相同母语的学长或学姐，协助他们学习英语。

达令哈蒙德观察这些刚刚移民来美的青少年："他们簇拥在实验室的桌子旁边，口语、肢体语言并用地讨论物理问题，使用素描、数学符号、片段的英文、间或的母语，彼此成功地沟通……在另一间教室里，一组一组的学生在读彼此的自传，互相问问题，修改对方的文章。在把自传交给教师以前，他们有机会改进想法，使表达更清晰。一个来自加纳的学生建议另一个来自波多黎各的学生，在自传里多加描述圣胡安的文化。在这两个学生交谈间，她们学得了彼此的社会背景，拓展了她们对世界的看法，交到了新朋友，并建立了沟通的能力。"

由于一般公立高中使用的教材不适合这些新移民学生，这所学校提供主题式的跨科际教程，共有六种主题学程，每种学程约有60名学生。每个学程都有两个主题，每学期各一个，由一组共五到七名教师负责教学，各组教师的背景，包括人文、科学、数学、技术。学程内容由教职员共同计划发展，学生以小组为单位，使用教师自己编写的教材，而非制式的教科书，来学习以下主题：

- “美国梦”与“美国的现实”。
- “运动”与“可见／不可见”。
- “罪与罚”与“城市生活”。
- “这是你的世界”与“冲突与解决”。
- “金钱的世界”与“我们周围的世界”。
- “起源与结构”。

不论哪一个学程，读与写，是曼哈顿国际高中师生文化的一部分。所有的课程都包括读与写，不论是科学、数学，还是技术课。例如，在“起源与结构”学程中，写作是学生们分享、拓展、学习想法的主要方式。依据教师设计的课堂活动指南，学生练习写各种文体的文章，从解释性的简短段落，到表达学习成果的长篇论述。通过这些练习，学生学习字汇、文法、不同文体的写作，学校促进学生语言能力的目标也得以达成。教师也从事大量的写作：课堂指南、教学报告、自我评量，还有，对该校非常重要的赠款申请书。教师组成“同侪评议小组”，提供自己的作品供同事评价。

重点是，主题学程之间互有联系。例如，“起源与结构”组的学生，在科学课堂上要运用他们学到的数学概念，来构建一个三维寺庙，同时在人文课上写一篇神话故事。在曼哈顿国际高中，读与写是联系各学程的桥梁，他们成功地将读写教育应用在学习的方方面面。他们的读写教育秉持这几个原则：跨科际写作、大量的口语及书面反馈、培养学生对作品的责任感。

哈德逊高中和曼哈顿国际高中，通过读写教育改革，成功翻转了学生的学习力与学习成就，也翻转了学校的绩效与处境，说明尽管学校条件不好，但只要用对策略，弱势学校也可以成功地克服挑战，提升学生的读写力、成就学生。达成这个挑战的第一步，就是扬弃“读与写是一门科目”的观念，将之视为“跨科际的学习工具”。读写力是一切学习力的基础，提升读写力，应该成为每一所学校努力的目标。

• • •

全校性的读写教育改革计划，需要共识——教师、行政阶层、家长，都要支持这个改变。有共同的承诺与共识做基础，就能让改变慢慢发生。

• • •

结　语

美国经验对教育改革的启示

每年夏天，我的外甥和外甥女都会来美国参加夏令营，期间暂住我家。去年，这两个分别就读七年级和三年级的孩子告诉我，学校根本没有作文课，而且“已经很久没有作文课了”。闻言，我真的非常惊讶，同时不禁为读写教育的未来感到忧心。

现在中小学语文课的参考时数都是每周五堂课，阅读与写作都涵盖其中。但教育界人士指出，绝大多数教师都觉得这点时间，用来教正课都不够，因此未必会拨出一定时数来实施阅读与写作课程。也有的教师会用“弹性学习课程”来写作文、带阅读。可怜的阅读与写作，由于没有纳入正式的课程，名义上以“弹性学习课程”来涵盖，事实上就是教师自己看着办，而课表没有明列的课程，教师和家长多半就不甚在意了，造成读写教育边缘化的状况。

我旅美十五年，主跑文教新闻五年，深感美国教育界对人文与读写教育的重视。自60年代起，读写教育一直都是正式课程的一部分。其间小布什政府时代的“没有一个孩子落后”政策一度重阅读轻写作，但奥巴马政府的“共同核心标准”于2012年上路后，便致力复兴写作教育。共同核心标准没有硬性规定读写课程时数，课程设计、教材、师资也都由各州各学区自行决定，但从各州依据共同标准制定的建议时数看来，对于读写都是非常重视的。

以美国国家写作计划的发祥地加州为例，目前语文授课时数为一日两小时，其中包括阅读与写作。部分州更详细制定读写建议时数，例如亚利桑那州，语文授课时数为一日两个半小时，并规定其中一小时授课，一个半小时进行读写练习。

提升读写力的美国经验，至少可以给出以下几个观念上的启发，重新思考读写教育的未来。

第一，读写力不只是读与写的能力，读写训练可以在多方面促进一个学生的学习能力。阅读力是学习力的基础，写作力是批判性思考的起点；这就是读写教育为什么重要，读写力为什么被国际教育界公认为重要的学力及竞争力指标。马萨诸塞总医院儿童发展专家乔安娜·克里斯多托祖（Joanna Christodoulou）说：“一开始，你学习如何阅读。然后，你会通过阅读学习。”她指出，阅读力是一切学习力的根本。她主持的实验更发现，参与阅读课程的孩子，六周后脑部活动、脑部结构都会发生改变，变得更“聪明”。

第二，阅读与写作练习不应只限于语文课，读与写更不能独立于彼此而存在。四十年来，美国教育界一直在推动“跨科际阅读、跨科际写作”，主张各科目，而非只有语文课，都应该包括阅读与写作的部分。爱达荷州的科学教师们，将读写练习应用在科学课上，得到了非常好的效果（详见本书第三章）。

第三，读写教育的改革，是一个漫长的过程，可能长达数年甚至数十年。从那篇知名的《为何强尼不会写作》社论开始，美国经过了四十年的读写教育改革，才得到2011年PIRLS评比读写力全球第六的成果。尽管如此，根据最新的国家教育评估报告（National Assessment of Education Progress），有四分之三的八到十二年级学生，对写作仍然“不够精通”；同时，2016年大学入学测验（ACT）结果显示，百分之四十的高中毕业生的阅读能力仍然没有达到大学对新生的期待。可谓改革尚未成功，教育界仍需努力。

第四，教师培力是读写教育改革的关键。致力复兴写作教育的共同核心标准上路迄今六年，也收获了一些令人振奋的成果，但进步的程度仍然不够显著，中小学读写教育仍有成长的空间，每年仍然有写作能力未达期待的新生步入大学校园。美国教育界人士指出，这是因为很多教师只受过一点点读写教育训练，自己都对写作没有信心，遑论带动学生（详见本书第四章）。

最后，学生近年来在国际阅读素养评比的表现不佳，究其原因是一切为升学考试做准备，数理教育挂帅，导致读写教育长期边缘化。的确，这是一个科学崛起、人工智能当道的年代，但人性从来没有比现在更重要。我们不能忘记，科技必须根植于人性。苹果公司执行长蒂姆·库克（Tim Cook）今年在麻省理工毕业典礼致辞，语重心长地说道：“我不担心人工智能会取代人类……我担心的是人类变得越来越像机器，失去了价值与热情。”而唯有提升读写素养，才能让我们的孩子活得“更像人”。

附　录
写作及写作教学策略术语表

本书提到许多近年来美国读写教育相关研究提出的写作策略术语，兹整理说明如下。

- **读者**（Audience）：写作时，作者是在对或真实或假想的读者发表自己的意见。读者可能是作者自己（比方说写日记的时候）、朋友（写信的时候）、教师、学校或小区的同侪，也可能是作者并不认识的社会大众。写作的第一课，不是起承转合，而是认识读者。在学习写作时，要了解针对不同的读者，采取怎么样不同的写作法。

- **写作过程**（Writing process）：在完成一篇文章时所使用的任何活动或思考策略，通称为写作过程。这个过程可以被描述为构思（发想主题，确定目标，组织题材）、演绎（将想法转换为文字）、检阅（复审与改写）的循环；也可以被分类为预写、草稿、改写、编辑等部分。写作过程导向教学注重学生在写作时构思的过程。

- **预写**（Prewriting）：任何帮助作者搜集题材、发想主题、确定观点并进一步将之组织为文章的计划性活动，通称为预写。预写的方法很多，包括脑力激荡、自由写作、讨论、涂鸦、角色扮演，等等。有些作者在预写之后会采取组织技巧，例如把想法和题材分类表列，或者据此拟一初步大纲。在预写阶段，文法和拼写的正确性不是重点。

- **自由写作**（Free writing）：皮特·埃尔伯（Peter Elbow）将自由写作定义为一种私人练习，花一段自己觉得合适的时间，在这段时间内不停地、没有结构地在纸上写下脑子里的想法，不必受主题局限，也不必考虑拼字与文法是否正确。这种没有结构的写作是一种探索，可以在作者遇到瓶颈、思路阻塞或是思虑不清时帮助他们。五到十分钟的自由写作就可以帮助作者找到畅通思路，找到新点子，并重拾写作的精力。很多人也采用自由写作为写作前的暖身运动。

- **起草**（Drafting）：起草时，作者开始发展题材，写下连贯的句子与段落，这就是草稿。依文章的文体、长度、复杂度，每篇文章可能需要不只一个版本的草稿。在初拟草稿时，不必太强调文法、拼字等机械格式。起草的目的是开始去深入了解题材、塑造这些题材，起草的过程让作者有机会探索并考虑呈现文章主题的手法。一开始的草稿可能很粗略，作者可以一遍遍重新塑造、组织、调整草稿结构，后面版本的草稿就会愈来愈成熟且贴近读者。

- **修改**（Revision）：修改时，作者以编辑的眼光来调整一篇草稿，找出并删除无关主题的文句，并注意审视题材，决定哪些部分应该被强调，哪些部分可以被缩减。改写往往牵涉到大篇幅的结构改变、大刀阔斧的编辑，经由重新组合思想，让文章结构更清晰，内容更精练，段落之间更环环相扣。每一个作者都需要学习改写，教师也可以帮助学生熟悉这个过程：以自己或其他同学写的草稿为教材，示范给学生看如何改写，将草稿修改为清楚的文章。

- **编辑**（Editing）：在《且教且写》（*Teaching with Writing*）

一书中，佛蒙特大学退休写作教授托比·富立乐（Toby Fulwiler）将编辑定义为："一个过程，确定你所写的确实符合你所想的，且使用最恰当的语言。"有些作家和作文教师认为，编辑就是改写。也有些人认为，编辑是更为精细的改写，一段一落、一字一句地斟酌推敲，同时要留意拼字、标点、语法等文章在机械上的正确性。编辑是一篇文章准备好发表或出版前最后的步骤。

- **同侪回馈**（Peer response）：一种经常应用在课堂教学上的技术，可以帮助学生练习编辑的技巧，以及体验真实的读者回馈。首先，教师示范如何对一篇文章做建设性的批评，提出正面及实用的评语。然后，学生两人或数人为一组、交换阅读彼此的作文。学生发表自己的文章并得到重要的回馈，同时也学习做一个有眼光的读者，提供同学改写的意见。也可以让学生大声朗读自己的文章给其他同学听，这样可以让学生的耳朵练习听出一篇文章的用字是否恰当，是否有不通顺的文句，或者有错漏不全之处（本书第二章提到的雪莉·斯温的课堂习作便是一例）。

- **查找技巧**（Inquiry strategies）：所谓"查找"，就是"问对问题、找出答案"。正如小乔治·希洛克斯在《考试的陷讲》（*The*

Testing Trap）一书中所定义的，查找技巧包括：(1) 比较不同的案例以归纳出异同之处；(2) 解释证据如何支持某一主张；(3) 搜集并评估证据；(4) 从他人的角度想象某种情况。这些思考策略跟作者搜集文章题材的策略是一样的，可以借讨论或写作来培养查找的技巧。

- **递归性**（Recursive）：写作的重复性。写作至少涉及四个步骤：预写、起草、修改、编辑。这四个步骤不是顺序发生的，而是反复发生的，这就叫做递归性。例如在修改时，作者可能必须退回到预写步骤来开发、拓展想法。

- **句子重组**（Sentence combining）：一种教学技术，用以帮助学生熟悉语法，使他们的句型库扩大而多样。最简单的应用，就是让学生把两个短句重新组合成一个较长、较完整的复合句。更高阶的应用，可以让学生在组合句子的同时运用排比等修辞技巧。

- **作品合集**（Writing portfolio）：学生个人作品的合集。让学生把作品集合在一个活页夹里，可以让教师追踪学生的成长，学生也可以看出自己的进步。作品集里可以包括同一篇文章数个版本的草稿，或是学生自选的得意作品，或是不同文体的合集。

更完整的作品集可以包括学生的自我检讨，或是对于自己作为一个作者的期许。关于作品集的运用，在本书第五章有详细介绍。

- **跨科际写作**（Writing across the curriculum）：在各个不同科目让学生练习写作，可以让学生熟悉不同学科领域的用语和惯例，包括举证规则、术语、写作形式等。提倡跨科际写作的专家们相信，各科目都可以跨科际写作作为学习的工具。有些学者，例如伯恩（其提出的教学策略详见本书第二章），在其著作《导引思想》中，将写作视为“批判的过程、沟通的产物、思考的成果”。写作因此可以培养查找、探索、诠释的习惯，且可以应用在各科目上。